Retrouvez la rubrique MIDI MOINS CHER
chaque semaine dans *Télérama Sortir*,

▸ **sur le site**
Télérama

▸ **et à chaque instant**
sur l'appli Télérama

Éditions Gallimard – Collection Alternatives
5, rue Gaston-Gallimard – 75007 Paris
www.editionsalternatives.com

Estérelle Payany
Illustrations Lydia Bierschwale

SÉLECTION Télérama

MIDI MOINS CHER

LE GUIDE DU DÉJEUNER MALIN À PARIS

120 adresses à moins de 20 euros

ALTERNATIVES

SOMMAIRE

MIDI MOINS CHER

À Paris, capitale de la gastronomie, les adresses où se restaurer ne manquent pas. Mais céder à la faim sans se ruiner est une tout autre affaire. Où déjeuner simplement mais avec gourmandise, entre collègues, au milieu d'une journée de courses, entre deux rendez-vous ? On est toujours à la recherche d'un bon plan. Et justement des bonnes tables, Estérelle Payany, critique gastronomique pour *Télérama Sortir*, ne cesse d'en repérer depuis 2015 dans sa sélection hebdomadaire ouverte à toutes les catégories de restauration mais avec un rendez-vous immanquable : Midi moins cher. Les 120 meilleures adresses pour déjeuner à moins de 20 €, toutes testées par le palais expert de notre journaliste, sont désormais rassemblées dans cette édition pratique à garder à portée de main. Utile pour les jours de travail, mais aussi pour les journées de loisirs avant d'opter pour un film, une expo ou un spectacle car la rédaction de *Télérama* est convaincue que l'art de bien manger est aussi l'un des piliers de notre si riche culture.

Valérie Hurier,
***Directrice de la rédaction de* Télérama**

Bien plus que les étoilés et les gastros, j'aime les snacks et les bouillons. Les bouis-bouis et les rades. Les buvettes et les bistrots. Les cantines et les troquets…

Tous ces lieux où l'on satisfait autant son appétit que sa soif de chaleur humaine, et où les baskets blanches côtoient les chaussures de chantier aussi bien que les mocassins.

Ces endroits où les étoiles sont dans les yeux des cuisinières et des cuisiniers quand on leur dit combien ils nous régalent, j'aime à les débusquer depuis plus de huit ans pour les lecteurs de *Télérama Sortir*. C'est toujours en pensant à eux que je m'attable un peu partout dans Paris, pour savourer ces petits plats qui tiennent au corps et à l'âme sans attacher au portefeuille.

Avec 20 euros, on peut en effet faire (presque) le tour du monde dans la capitale, mosaïque de cuisines où chaque coin de rue devient une escale gourmande. Pas de décorum, pas de nappe ni de menu à rallonge et pas forcément de réservation : ce qui réunit ces lieux où j'ai eu le plaisir et l'honneur de m'attabler, du bistrot d'époque aux établissements vietnamiens, italiens, grecs ou turcs, c'est la chaleur humaine qui y mijote à feu doux. Où l'on se restaure au sens premier du terme, en reprenant des forces pour affronter le reste de notre journée, la bonne humeur, le dépaysement et le plaisir en bonus.

Je vous souhaite autant d'allégresse à savourer ces bons plans gourmands que j'en ai eu à les dénicher pour vous, la joie au cœur et l'appétit en bandoulière !

Votre dévouée mangeuse,
Estérelle Payany

COMMENT LIRE LES PICTOGRAMMES

Options végétariennes — Terrasse — À emporter

8
LE PETIT VENDÔME
Le Petit Vendôme
LA PINCE À CORNICHONS
LA PINCE À CORNICHONS
7
RUE RÉAUMUR
RUE DES PETITS CHAMPS
MAMA NISSA
6
RUE SAINT-HONORÉ
MAMA NISSA
IOVINES
3
RUE DE RIVOLI
1
KOSUYEN
SEINE
2
MASLOW

DU 1er AU 4e ARRONDISSEMENT
WAALO
5
BOULEVARD DE SÉBASTOPOL
12 RUSIDDA
Rusidda
MALA BAVO BISTROT KURDE
4
MALA BAVO
11
LOOV
RUE DE TURBIGO
9
PARIS-NICE
Little YAK
RUE DU TEMPLE
LITTLE YAK 13
14 OLIVE & THYM
10
LE RUISSEAU BURGER JOINT
le RUISSEAU
BURGER JOINT
MIZNON
Miznon Paris
15 MIZNON

DU 1ᵉʳ AU 4ᵉ ARRONDISSEMENT

De Châtelet à la Bourse en passant par le Marais, le Ventre de Paris ne manque pas de ressources pour se régaler sans vider son porte-feuille. Du quartier japonais aux Halles, de la pizza au burger, de la salade niçoise au jambon-beurre, on trouve tout autour de la Samaritaine !

1 KOSUYEN

Tokyo est à deux pas du Louvre dans cette boutique spécialisée dans le thé où on se restaure autour du riz, en onigiri (boulettes) ou ochazuke (bol de riz recouvert de bouillon). Posés sur un plateau-repas, ces plats, en version végétarienne ou pas, arrivent escortés d'une guillerette soupe miso et de légumes marinés dans du son de riz. Comme sortie d'une estampe, une serveuse en kimono vient verser sur mon riz au saumon, algues et feuilles de shiso parfumées un délicat bouillon, composé de thé vert grillé et de dashi iodé. La subtilité de l'ochazuke pourra sembler fade aux palais moins sensibles aux charmes de l'umami nippon, mais il dépayse en un instant. Me voilà zen et détendue…

INFOS PRATIQUES

- 258 rue Saint-Honoré, 75001 Paris
- Métro : Pyramides
- Du lun. au sam. 11h30-17h30
- Formules 11-18 €

2 MASLOW

Qui a dit que manger végétarien était austère ? Pour ceux qui en doutent, rendez-vous entre Châtelet et Pont-Neuf, dans ce lieu fourmillant d'énergie aux 120 places prises d'assaut par les touristes sortis de Notre-Dame et du Louvre voisins. Un véritable défilé maraîcher commence : délicieux carpaccio de chou-rave au pralin de cajou et à la menthe, champignon de Paris géant pané façon milanaise croustillante, quesadillas au comté et aux oignons confits, gnocchis *cacio e pepe*… Joyeux et créatif, ce restaurant n'oublie pas d'être aussi accessible que gourmand : on y reviendra en hiver pour déguster les boulettes de champignons façon *polpette* italiennes et les petits choux à la crème !

INFOS PRATIQUES

- 14 quai de la Mégisserie, 75001 Paris
- Métro : Châtelet
- Tlj 8h30-0h
- Assiettes 5-12 €, desserts 3,50-8 €, formule déj. 19 € en semaine
- Réservation possible

3 IOVINES

Quand la Margherita va, tout va ! L'adresse, non loin de la Comédie-Française, vaut pour ses pizzas traditionnelles de type napolitain, qu'elle décline en base blanche ou rouge. La marinara aux tomates San Marzano, tomates du Vésuve, anchois, ail, origan et olives noires est suavement parfumée ; le calzone replet à la ricotta et jambon s'avère aussi convainquant. En dessert, pris en terrasse à la faveur d'une éclaircie, la pannacotta crémeuse et pas trop gélifiée se révèle délicieuse. *Avanti !*

INFOS PRATIQUES

- 7, rue du Colonel-Driant, 75001 Paris
- Métro : Palais-Royal – Musée du Louvre
- Tlj. 12h-15h et 19h-23h
- Pizzas 12-19 €, desserts 9-11 €
- Réservation possible
- Autres adresses : 27 rue de Bretagne (75003) et 8 rue Boudreau (75009)

4 MALA BAVO

Ce « bistrot kurde » (mention de la devanture) déploie une jolie terrasse et la seule vue des assiettes donne envie de s'y attabler. Dans cette « maison de mon père », aux murs rouges, tout plein de spécialités kurdes… et quelques plats français, dont une honnête bavette-frites, ainsi qu'un burger fusion, dont le steak est constitué d'un *köfte* (boulette) géant. Cap sur le menu du jour : soupe de lentilles corail corsée, houmous maison tiède. Ça commence bien. On enchaîne sur une *kodik* (aubergine farcie à la viande et au blé concassé) et une moussaka végétarienne aux pommes de terre et aubergines. Portion généreuse, assaisonnement savoureux : c'est délicieux, vite servi et avec le sourire.

INFOS PRATIQUES

- 171 rue Saint-Denis, 75002 Paris
- Métro : Réaumur-Sébastopol
- Du lun. au ven. 12h-14h30 et 18h-22h30
- Menus déj. 16-19 €
- Réservation possible

5 WAALO

À la tête de cette délicieuse cantine aux banquettes jaunes et coussins en wax, on retrouve Harouna Sow, chef formateur du Refugee Food (voir La Cantine des Arbustes, p. 91). La carte, qui change chaque semaine, marie habilement œuf mollet et champignons, le tout revigoré d'une touche d'hibiscus acidulée, et des pastels aux légumes parfumés, petits chaussons d'inspiration sénégalaise à tremper dans un condiment à la tomate. Le délicat mafé était ce jour-là au fenouil et au gombo et le cookie saupoudré de marc de café : un contraste anti-gaspi aussi malin que bon. Une cuisine généreuse qui fait la part belle aux végétaux.

INFOS PRATIQUES

- 9 rue d'Alexandrie, au rez-de-chaussée du Liberté Living Lab. 75002 Paris
- Métro : Sentier
- Du lun. au ven. 9h-17h
- Formule déj. 15-19 €

6 MAMA NISSA

Nissa, c'est le surnom d'Anissa, qui a légué ses recettes algériennes à sa fille Hanane Abdelli, cheffe d'orchestre de cette enseigne bien troussée qui retravaille les classiques d'Alger ou d'Oran. Quelle joie de retrouver toute chaude la calentica, ce flan de farine de pois chiches onctueux, saupoudré de cumin ! Le couscous kabyle à l'orge, bourré d'herbes et arrosé d'un délicieux bouillon et d'une touche de harissa maison, m'enchante autant que la rechta, petites pâtes maison cuites à la vapeur, servies avec un ragoût de poulet fermier aux navets et à la cannelle couronné d'oignons frits… En été, s'y arrêter aussi pour découvrir le délicieux créponné, sorbet au citron onctueux.

INFOS PRATIQUES

- 14 rue Mandar, 75002 Paris
- Métro : Étienne-Marcel
- Du lun. au jeu. 12h-16h et 18h-22h30, du ven. au sam. 12h-22h30
- Menus déj. 13,50-17 €

7 LA PINCE À CORNICHONS

Ce bistrot coloré tenu par une équipe féminine épatante envoie un menu du midi réduit (deux choix seulement) à prix mini : une formule gagnante qui fait salle comble. Ouf, il reste de la place au comptoir donnant sur la rue. Parfait pour déguster un bouillon thaï et un samoussa aux légumes, suivis de fusilli à la butternut, brocoli et bleu. Autre bonne option, le « clafouquiche » au chèvre, gonflé comme un soufflé, qui réchauffe gentiment l'automne. Enfin, le dessert astucieux, à base de fromage blanc à la fleur d'oranger, pistaches et croûte de caramel façon crème brûlée est à l'image du lieu : plein de bonnes énergies et de convivialité sans chichi.

INFOS PRATIQUES

- 20 rue du Croissant, 75002 Paris
- Métro : Grands-Boulevards
- Mar. et mer. 12h-15h et 18h-23h, jeu. et ven. 12h-15h et 18h-0h30, sam. 18h-0h30
- Sandwichs 6 €, formules déj 16,50-18,50 €, soir 30 € max.
- Réservation possible

8 LE PETIT VENDÔME

Entre deux enseignes de luxe et une chaîne de bagels, ce bougnat dans son jus fait de la résistance depuis les années 1970. On s'y attable pour une andouillette ou un plat du jour, tandis que se forme la queue devant le comptoir en formica pour grapiller l'un des meilleurs jambon-beurre de la capitale. On vient de loin pour le dévorer nature (cornichons en option) ou tartiné de fromage de chèvre frais assaisonné de poivre, d'huile d'olive et d'herbes de Provence (« Le Spécial »). Si la baguette de chez Julien, parfaitement dorée, croustille bien comme il faut, la motte de beurre fermier demi-sel fond à vue d'œil, et le jambon se décline à l'envi du rose au carmin…

INFOS PRATIQUES

- 8 rue des Capucines, 75002 Paris
- Métro : Madeleine
- Le lun. 8h-16h30, du mar. au ven. 8h-2h, sam. 10h-2h
- Plats du jour 17-19 €, jambon-beurre à partir de 5,50 €
- Réservation possible

9 PARIS NICE

On se croirait presque sur la Riviera, tant ce modeste snack embaume la pissaladière ! Daube ou tian, toutes les spécialités nissardes défilent ici. Rendons hommage à ce petit chausson frit aux blettes qui a fait la réputation de Monaco : bien en chair et en croustillant, ce barbajuan-là est princier. Les petits farcis (courgette et poivron) se cachent sous une fine couche de chapelure. La salade niçoise n'oublie ni le céleri croquant, ni l'artichaut poivrade ou le piquant des oignons nouveaux : évidemment, nulle trace de riz ou pomme de terre dedans ! Pour finir, tarte au citron de Menton ou tarte sucrée aux blettes, à goûter au moins une fois dans sa vie. Venir tôt pour avoir sa part.

INFOS PRATIQUES

- 223 rue Saint-Martin, 75003 Paris
- Métro : Arts-et-Métiers, Étienne-Marcel
- Du lun. au sam. 11h45-14h30
- Menus 12-15 €

10 LE RUISSEAU BURGER JOINT

La maison-mère, installée dans le 18e, est l'une des meilleures adresses de burger de Paris. C'est une aubaine qu'elle se soit dupliquée près de Beaubourg ! Parmi la douzaine de sandwichs, le plébiscité BBQ cheddar réunit sauce barbecue, cheddar mature, pickles et oignons rouges pour le croquant et le contraste. Bœuf haché gros en direct des viandes du Châteauneuf, pain maison, tout est bon ! Grand choix de cheeseburgers : au chèvre, bleu d'Auvergne ou tomme au cidre, l'assaisonnement est calibré en fonction (moutardes, oignons…). Les versions au lieu noir pané maison et végétarienne (steak de pois chiches, carotte et cumin) s'en tirent aussi très bien. Quant aux frites ? Juste parfaites !

INFOS PRATIQUES

- 22 rue Rambuteau, 75003 Paris
- Métro : Rambuteau
- Tlj. de 12h à 23h
- Burgers 14-16 €

Plat du jour
COUSCOUS

11 LOOV

C'est un secret bien gardé, à deux pas de la place de la République, caché dans un discret passage. Une toute petite échoppe où Yasmina Mazouzi, joviale Martégale, prépare de délicieux plats du jour. Mais les jeudis et vendredis, c'est le jour du couscous réputé dans tout le quartier.
On comprend vite l'engouement : semoule fine et beurrée, légumes de saison (navets, carottes, courgettes blanches), pois chiches trempés puis cuits dans le bouillon (pas de boîte ici), bonus gourmands (abricots confits au miel et à la fleur d'oranger)...
Pour la viande, le collier de mouton est délicieusement fondant ; le poulet, mariné dans le miel et les épices douces avant d'être rôti, et deux styles de merguez cohabitent (une plus sèche et épicée, une plus douce et moelleuse). L'hiver, on y retrouve même du cardon, clin d'œil aux origines algériennes de Yasmina, qui adapte ses épices à l'air du temps, les variant pour ne pas lasser les habitués. L'un des meilleurs couscous savourés depuis longtemps à prix imbattable.

INFOS PRATIQUES

- 16 passage Vendôme, 75003 Paris
- Métro : République
- Du lun. au ven. 12h-19h
- Plats du jour 14 €,
menu sur www.loovresto.com

12 RUSIDDA

Sur cette placette à l'écart de la rue de Turbigo, on se croirait en Italie avec cette terrasse aux faux airs de trattoria. Que ce soient de délicieuses aubergines panées jambon-fromage (« des *melanzane* façon cordons-bleus », comme dit la serveuse) ou de généreuses lasagnes (déclinées ici à la courgette, au pesto de basilic, mais aussi au speck et à la crème de pistache), c'est aussi vite servi que longuement dégusté (c'est chaud !).
À l'intérieur défilent devant le comptoir les amateurs de *pizzoli*, sorte de gros chaussons fourrés faits de pâte à pizza, entre le panino et la calzone. Celui réunissant pesto d'amandes, tomates, pleurotes grillés et ricotta est aussi goûteux qu'original. *Avanti !*

INFOS PRATIQUES

- 1 rue Borda, 75003 Paris
- Métro : Arts-et-Métiers, Étienne-Marcel
- Mar. et mer. 12h-14h45,
jeu. et ven. 12h-14h45 et 19h-22h30,
sam. 12h-15h et 19h-23h
- Formules déj. 17,50-19 €
- Réservation possible

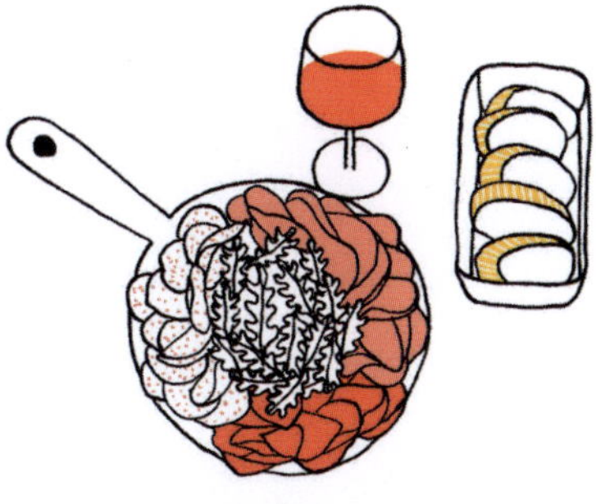

13 LITTLE YAK

Discrète échoppe tout en longueur aux tentures et murs de pierre, le décor s'accorde avec discrétion à la cuisine tibétaine que l'on sert ici. Au menu, les traditionnels *momos*, gros raviolis au pliage savant, farcis à la viande – bœuf, porc, poulet –, ou 100 % légumes. Ils se dégustent en soupe (idéal s'il pleut) ou dans une riche sauce aux épices, à la cacahuète et au poivre du Sichuan, qui rappelle que les plateaux du Tibet sont à la croisée de l'Inde, du Népal et de la Chine. Réconfortants à souhait, les jolis coussinets garnis de pommes de terre baignent dans un mélange inédit de saveurs agréables et dépaysantes.

L'occasion aussi de goûter un *lhaping* : découpée en nouilles épaisses qui s'évanouissent dans la bouche, cette étonnante gelée au curcuma est servie froide et assaisonnée d'une sauce aillée et pimentée, d'herbes hachées et de cacahuètes concassées. Un mélange revigorant, à réserver aux palais aventureux. Par ici le voyage à petit prix !

INFOS PRATIQUES

- 61 rue Quincampoix, 75004 Paris
- Métro : Rambuteau, les Halles
- Tlj. sauf mardi 11h-22h
- À partir de 11,80 € le plat de momos, carte 20 € max.

14 OLIVE ET THYM

Ce petit resto libanais (coude-à-coude garanti) ne désemplit pas. Ses « cartounées » font carton plein ! Il s'agit de généreuses assiettes garnies de salade, tomate, menthe et, selon l'envie, d'aubergines grillées aux noix et mélasse de grenade, de pommes de terre rôties à la coriandre et à l'ail, de falafels savoureux ou d'aiguillettes de poulet croustillantes roulées dans ces longs vermicelles kadaïf. Autant de versions pensées également pour ceux qui veulent manger végétarien, à faire précéder d'un mezzé au choix. Ça ne manque ni d'ail, ni d'huile d'olive, et encore moins de tubes des années 90 – l'essentiel de la bande-son du lieu.

INFOS PRATIQUES

- 60 rue Quincampoix, 75004 Paris
- Métro : Rambuteau, les Halles
- Du mar. au ven. 12h-15h et 19h-23h, sam. et dim. 12h-16h et 19h-23h
- Formules 17-19 €
- Réservation possible

15 MIZNON

Bienvenue dans le plus bazardesque des buffets (« miznon » en hébreu) ! Végétariens et carnivores cohabitent en paix autour de délicieuses pitas aux garnitures variées. Bœuf bourguignon, agneau mariné, « poisson doré » à la coriandre et merlu pané cohabitent avec l'étonnante proposition à la pomme de terre et aïoli. Pour les accompagner, légumes grillés obligatoires : patate douce caramélisée et chou-fleur rôti se picorent plongés dans le *tahini* (purée de sésame) ou l'huile d'olive au piment vert. Une ambiance effervescente, des prénoms du monde entier qui fusent, des voisins de table à qui l'on pique quelques haricots verts meilleurs que des frites. Allergiques à la convivialité, s'abstenir.

INFOS PRATIQUES

- 22 rue des Écouffes, 75004 Paris
- Métro : Saint-Paul
- Dim. à jeu. 12h-23h non-stop, ven. 12h-16h
- Pitas 9-13,50 €, légumes rôtis 5-8 €
- Autres adresses : 37 quai de Valmy (75010) et 3 rue de la Grange-Batelière (75009)

DRÔLE D'ENDROIT POUR UN DÉJ'

Cachés au fond d'une cour, dans un jardin ou même un magasin, on s'attable ici en toute discrétion.

CÎTEAUX SPHÈRE

En plus des vinyles, ce disquaire fait aussi tourner les assiettes. Sur les banquettes au milieu des bacs ou sur la petite terrasse bien exposée, Cyril, qui court de la salle à la petite cuisine ouverte, nous remet le menu caché dans une pochette des Pink Floyd. Spécialité du chef : le gratin de ravioles de Romans, ces délicieux petits raviolis de l'Isère au bon goût de persil. Déclinés au poivron, au chèvre, aux cèpes ou nature, ils arrivent tout dorés sous leur couche de crème avec une salade verte sans prétention, mais bien assaisonnée. Avec en plus un ballon de vin (merlot, cinsault, sauvignon, il y en a pour toutes les couleurs dans la formule) et l'excellente bande-son, la bonne humeur est garantie !

INFOS PRATIQUES

• 45 rue de Cîteaux, 7012 Paris • Métro : Faidherbe-Chaligny • Du lun. au ven. 11h30-15h, sam. 11h30-23h, dim. 11h30-16h • Formule midi 13 €, supp. 2 ou 3 €

ARKOSE NATION

Pour planter sa fourchette près de Nation, direction… la salle d'escalade ! Après avoir longé la salle des blocs, on s'installe sous l'agréable verrière de cette ancienne fabrique de blouses d'écoliers. Au menu : pâtes, mafé végétarien – le sport ça creuse ! – et propositions du jour bien ficelées. Après les beignets de topinambours à tremper dans une tartinade pois chiche-betterave, sorte d'accras végétariens, place aux plats. Honnête burger du jour à l'effilochée de porc sauce barbecue et poulet pané façon schnitzel aux pommes de terre rôties ne manquent pas de niaque. Portions généreuses, service gentil et bière brassée au sous-sol complètent ce tableau efficace.

INFOS PRATIQUES

• 35 rue des Grands-Champs, 75020 Paris • Métro : Buzenval • Tlj. 12h-14h30 et 19h30-22h45 • Formule déj. 20,50 €, plats 13-18 €

Arkose Nation

Café Mulot

CAFÉ MULOT

Demain, dès l'aube, à l'heure où blanchit la place des Vosges, vous irez peut-être vous restaurer dans la cour-jardin de la Maison de Victor Hugo, où le café Mulot a pris place près de la fontaine. Une fois la commande passée au comptoir, il ne reste qu'à attendre un peu sur les sièges rouges, au calme sous les frondaisons. Croque-monsieur bien garni, croissant à l'avocat qui ravirait Emily in Paris ou risotto végétarien crémeux : cette déjeunette va droit au but. Gardez une place pour le sucré, spécialité de la maison. Si Adèle Hugo a eu droit à un film, sa sœur Léopoldine donne ici son nom à une pâtisserie : une délicate tartelette aux fraises, au citron et à l'amande, couronnée d'un macaron.

INFOS PRATIQUES

• 6 place des Vosges, 75004 Paris • Métro : Bastille, Chemin-Vert, Saint-Paul • Du lun. au dim. 10h-17h45 • Formule déj. 15-25 €, sandwichs 9 €, salades 17 €, croque-monsieur 10,50 €, gâteaux 9 €, brunch sam. et dim. 25 €

PISTIL

Ce studio et salle de danse contemporaine, installé dans une lumineuse ancienne imprimerie, accueille également une super cantine végétarienne. Ouverte aux danseurs mais aussi aux gourmands, c'est l'assurance d'un déjeuner haut en couleur : gaspacho au basilic savoureux, betterave rôtie à l'orange sur yaourt crémeux aux herbes, œuf parfait sur nid de houmous relevé de paprika fumé à saucer avec gourmandise. À suivre, un excellent chili sin carne escorté de pickles d'oignons rouges, d'une salade de mâche et d'une tortilla grillée qui nourrit sans alourdir. Place aux desserts maison, sans œuf ni beurre comme le bluffant cake chocolat et noix de coco. Bonus : c'est aussi ouvert les soirs de représentation !

INFOS PRATIQUES

• 12 rue Léchevin, 75011 Paris • Métro : Saint-Ambroise • Du lun. au ven. 11h-16h, et les soirs de spectacle • Formules 13,50-16 €

CANTINE DE LA MAISON DE LA CULTURE ARMÉNIENNE

Derrière cette discrète porte cochère se cache non seulement un splendide mimosa tout en fleur mais aussi une cantine arménienne ! Après avoir gravi l'escalier du fond de la cour, on se croit arrivé dans une salle à manger familiale d'un autre temps : napperons brodés, drapeaux, bibliothèques pleines de bibelots et télévision allumée. Aubergine farcie au bœuf avec riz et salade (copieuse et fraîche), raviolis khinkali géorgiens XL aux champignons ou brochette de poulet mariné. Tchinar Arakelian, la cuisinière, me houspille gentiment car je cale devant la générosité de ses *pelmenis*, raviolis au bœuf à plonger dans la crème épaisse ! Un bon plan confidentiel et authentique, sans chichis, à fréquenter plutôt en famille qu'en amoureux.

INFOS PRATIQUES

• 17 rue Bleue, 75009 Paris • Métro : Cadet, Poissonnière • Du lun. au ven. 12h-15h et 19h-23h • Autour de 16 à 20 €

Hélia
Restaurant Champs Élysées
18
HÉLIA
15
ENNI
UDON
17
LA MAISON
DU QUINOA
SEINE
QUAI D'ORSAY
8
KODAWARI RAMEN
MARZO
14
BOULEVARD SAINT-GERMAIN
little BREIZH
12
LITTLE
BREIZH
7
LE TOURNE-BOUCHON
RUE DE VAUGIRARD
13
GIDO
Ducky'S
DUCKY'S
11

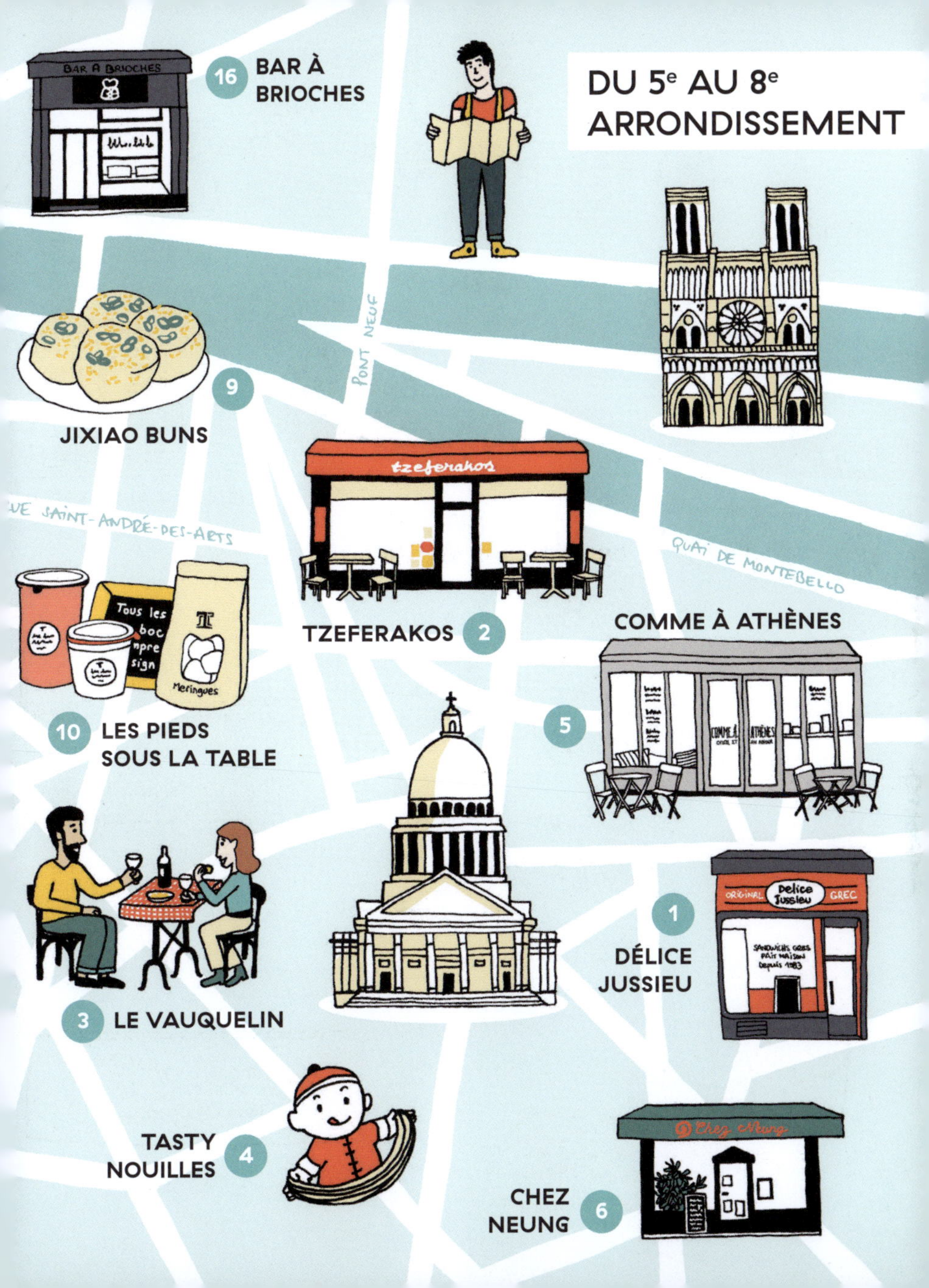

DU 5e AU 8e ARRONDISSEMENT
16 BAR À BRIOCHES
BAR A BRIOCHES
9 JIXIAO BUNS
PONT NEUF
UE SAINT-ANDRÉ-DES-ARTS
tzeferakos
TZEFERAKOS 2
QUAI DE MONTEBELLO
COMME À ATHÈNES
5
Meringues
10 LES PIEDS SOUS LA TABLE
ORIGINAL Delice Jussieu GREC
SANDWICHS GRECS FAIT MAISON Depuis 1983
1 DÉLICE JUSSIEU
3 LE VAUQUELIN
TASTY NOUILLES 4
Chez Neung
CHEZ NEUNG 6

DU 5e AU 8e ARRONDISSEMENT

La rive gauche n'est pas la plus tendre avec le porte-monnaie. Du quartier Latin aux Champs-Elysées, les bonnes adresses se refilent de gourmets en gourmandes, avides de bistrots dans leur jus ou de bons plans venus du monde entier. Bolivie, Grèce, Japon, Turquie, le goût des cuisines du monde sauve la mise !

1 DÉLICE JUSSIEU

Depuis 1983, cette petite enseigne, à côté du jardin des Plantes et à deux pas de la fac, fait file longue – l'équivalent de salle comble quand on n'a qu'un comptoir. L'affaire est restée familiale et la broche d'agneau et de dinde tourne toujours aussi bien. Devant la statue de Bernardin de Saint-Pierre, je croque dans l'excellent petit pain maison et y découvre des crudités bien fraîches (chou rouge, salade Iceberg et carotte râpée, pour changer de la salade-tomate-oignon), de la viande juteuse et des sauces blanche et piquante maison pleines de vie. Pas trop gras, bien parfumé, ce kebab a même un goût de trop peu – les gaillards en prendront un deuxième. Aucunement besoin d'être de retour de soirée avinée pour le déguster avec plaisir. Vive le kebab libre !

INFOS PRATIQUES

- 4 rue Linné, 75005 Paris
- Métro : Jussieu
- Du lun. au sam. 11h-16h
- 9 € le sandwich, 10 € avec frites, assiettes 14 €

2 TZEFERAKOS

Pour la *spanakopita*, il faudra attendre, on vient juste de l'enfourner ! » Ici, on a vraiment l'impression d'entrer chez quelqu'un – et tant pis pour les envies de tourte aux épinards, on patientera ! Dans ce snack à la décoration spartiate, Ilias et Ioanna cuisinent à la grecque *pastitsio* (gratin de pâtes à la viande), *tyropita* à la feta et tendres boulettes de bœuf aux pommes de terre rôties à l'origan, selon les envies du jour. En dessert, un feuilleté aux noix ou une bonne portion de yaourt à la grecque nappée de miel : c'est simple, ensoleillé et tout gentil, sans rien à cacher. La preuve : pour aller aux toilettes, on passe par la cuisine…

INFOS PRATIQUES

- 24 rue Monge, 75005 Paris
- Métro : Cardinal-Lemoine, Jussieu
- Du mar. au ven. 12h-14h30 et 18h30-22h, sam. et dim. 12h-15h30 et 18h30-22h30
- 20 € env

3 LE VAUQUELIN

Branchés, s'abstenir : voilà du bistrot dans son jus comme on n'en fait plus beaucoup, avec nappes à carreaux rouges et service à la gouaille taquine. Ici règnent la bidoche et les plats de tradition, sortis par Guillaume de sa minuscule cuisine. J'arrive en fin de service : c'est râpé pour la saucisse-aligot, mais OK pour un poulet fermier rôti. Le quart de volatile est fringant, avec un jus généreux et de belles frites, parsemé de persil ciselé pour le rendre pimpant. Mes voisins ayant liquidé la dernière part de tarte aux pommes flambées, je me rabats sur le baba. Arrosé à table comme il se doit, il conclut en beauté ce petit voyage nostalgique.

INFOS PRATIQUES

- 23 rue Vauquelin, 75005 Paris
- Métro : Censier-Daubenton
- Du lun. au sam. 12h-14h30
- Plats 14,80-16,80 €, à la carte 20 € env.
- Réservation possible

4 TASTY NOUILLES

Étudiants, touristes, plombiers et électriciens en bleu de travail patientent devant cette échoppe chinoise en regardant derrière la vitre s'activer la cuisinière, qui étire de façon hypnotique les longues nouilles dont ils se régaleront bientôt... Vite installée dans la salle tout en longueur, j'opte pour la soupe au poulet croustillant : un grand bol généreux de bouillon ambré, au parfum subtil d'épices, aux nouilles ultra-fraîches et un blanc de poulet pané et frit, qui se gorge peu à peu des autres saveurs. Version nouilles sautées testée et approuvée avec le porc laqué, légèrement sucré et anisé. Un soupçon plus cher, mais encore plus roboratif – avis aux solides appétits... et aux ados en pleine croissance !

INFOS PRATIQUES

- 121 rue Monge, 75005 Paris
- Métro : Censier-Daubenton
- Tlj. sauf le mar. 11h30-15h et 18h-23h
- Soupes 10,90-13,50 €, nouilles sautées 11,50-14,90 €

5 COMME À ATHÈNES

Et si le *souvlaki* grec bénéficiait de la même aura que le burger ? Ce ne serait que justice, vu la variété des brochettes qu'on peut y glisser ! Ici, la pita moelleuse importée de là-bas s'enroule autour de poulet mariné dans l'huile d'olive, le citron et les herbes. Avec salade, tomate et sauce fraîche au yaourt, c'est savoureusement méditerranéen. La version végétarienne aux *kolokithokeftedes*, beignets de courgette à la menthe, est encore meilleure et change au gré des saisons... Impossible hélas d'extorquer à la patronne le secret des frites particulièrement bonnes avec leur enrobage d'herbes et d'épices « longuement testé ». De quoi aller volontiers se faire voir chez ces Grecs !

INFOS PRATIQUES

- 31 rue Linné, 75005 Paris
- Métro : Cardinal-Lemoine, Jussieu
- Du lun. au ven. 10h-15h
- Formules sandwichs 12-15 €, autres formules déj. 16-22 €
- Autre adresse : 9 rue Mandar (75002), sous le nom de Filakia

6 CHEZ NEUNG

Dans ce tout petit restaurant thaï à la façade bleu vif, ça chauffe derrière les lambris de la cuisine ouverte. Vite installés sur deux tabourets de bois, les 1,92 mètre de mon convive basketteur ont du mal à se caser… Mais celui-ci se détend rapidement en voyant arriver le tofu frit croustillant, enrobé d'une sauce aigre-douce légèrement relevée, tandis que je croque les nems au poulet du menu déj'. Le curry de poulet vert, en quantité généreuse, est agrémenté de légumes joliment découpés, et le pad thaï, s'il manque un peu de cacahuètes, est néanmoins plein de qualités. Et puisque la voisine de tablée cale devant son riz gluant à la mangue, tiède et parfumé, elle le partage volontiers avec nous : la convivialité fait ici partie du menu.

INFOS PRATIQUES

- 70 boulevard Saint-Marcel, 75005 Paris
- Métro : Les Gobelins
- Du lun. au sam. 12h-15h et 19h-22h
- Menu déj. 10,50-13,50 €, pad thaï à partir de 12 €, carte 20 € env.
- Réservation possible

7 LE TOURNE-BOUCHON

Pour manger assis à petit prix sur le boulevard Raspail, difficile de faire mieux que ce discret bistrot. Rien n'a changé ici en vingt ans : ni les nappes à carreaux de la longue salle grise, ni l'accueil adorable de la patronne. À ma droite, un duo de plombiers hésite entre bavette et andouillette, tandis qu'une tablée de cols blancs se fait gentiment houspiller car ils ne finissent pas leur généreux couscous. Dommage, car il a le bon goût des légumes frais, des pois chiches et des raisins blonds, tandis que les keftas et merguez ne manquent pas de répondant. En plus du thé à la menthe versé avec générosité, la nostalgie et le sourire sont aussi au menu. Un saut dans le temps réconfortant !

INFOS PRATIQUES

- 71 boulevard Raspail, 75006 Paris
- Métro : Rennes
- Tlj. 7h30-15h
- Couscous 13,80-22,80 €, formule du jour 13,80 €

8 KODAWARI RAMEN

Ne pas se laisser décourager par l'impressionnante queue devant cette ruelle tokyoïte, atmosphère japonaise comprise : on y mange en quatrième vitesse. Le temps de dire *moshimoshi* et mes *shoyu ramen* fumants arrivent. Leur bol bleu recèle un délicieux *châshû* de porc fermier basque, ainsi que de longues nouilles à base de blé des Ardennes. Fermes au début, elles se gorgent peu à peu de bouillon de volaille fermière, relevé d'algue nori et d'échalotes. Ne pas hésiter à ajouter un *tamago* (œuf mollet à la sauce soja) pour faire bonne mesure, et y aller à deux plutôt qu'en grande tablée. Pour saluer le plaisir de voir ainsi réunis ingrédients de qualité et traditions du bout du monde, je n'aurai qu'un mot : (r)amen !

INFOS PRATIQUES

- 29 rue Mazarine, 75006 Paris
- Métro : Odéon
- Tlj. 11h45-23h non-stop
- À partir de 13,50 € le ramen, 1,50-3,50 € le supplément, menus 12-15 €

おたか
JACK
Milky

9 JIXIAO BUNS

Slurp, ouch, miam ! C'est l'effet onomatopéique que procure la dégustation des *shengjian bao*, petits pains fourrés typiques de Shanghai. Ils sont farcis de porc haché ou de légumes, cuits soigneusement à la poêle, jusqu'à formation d'une croûte dorée, saupoudrés pour finir de sésame et de ciboulette, et demandent à être dégustés avec précaution pour ne pas perdre le gourmand bouillon qui se cache à l'intérieur et qu'un coup de dent inopiné ferait fuir. Pas d'excuse : un mode d'emploi façon BD remis avec le plat permet de ne rater aucune étape. Les plus maladroits planteront pour commencer un bout de paille dans la briochette pour aspirer le jus (slurp), se brûleront la langue (ouch), ajouteront du vinaigre de riz noir et mordront pour finir avec entrain dans ce petit délice très authentique (miam). Vu leur prix dérisoire, on remet le couvert pour une deuxième tournée, et on se jure d'y revenir pour s'attaquer à la soupe de nouilles.

INFOS PRATIQUES

- 21 quai des Grands-Augustins, 75006 Paris
- Métro : Saint-Michel-Notre-Dame
- Du mar. au sam. 12h-21h
- 7 € les 4 *shengjian*, 10 € les 6, formules avec salade ou nouilles en plus 10-12 €, soupes 12 €
- Autre adresse : 91 rue Beaubourg (75003 Paris)

10 LES PIEDS SOUS LA TABLE

Les jeunes cuisiniers Marc Nicolas et Clément Corbara ont eu le nez creux : plutôt que de s'installer dans un restaurant, ils ont choisi d'ouvrir une boutique de traiteur nouvelle génération. À consommer illico, une belle sélection de plats bien travaillés : quiche au veau et aux épinards, salades gourmandes et pâtés en croûte élégants. Ce n'est pas tous les jours qu'on déniche un cuissot de chevreuil aux épices ou un râble de lapin aux navets boules d'or… Si la majorité des clients emportent, quelques tables de bois permettent de déjeuner rapidement sur le pouce. Et pour prolonger le plaisir, les étagères regorgent de bocaux de longue conservation, du fait-maison particulièrement réussi : pâté de sanglier, poulet Vallée d'Auge ou blanquette, coings pochés au sirop de sureau, il y a de quoi se confiner une semaine en se régalant tous les jours. D'autant plus que le sucré (tarte Bourdaloue, sablés viennois et meringues aux fleurs) est tout aussi délicieux !

INFOS PRATIQUES

- 48 rue Monsieur-le-Prince, 75006 Paris
- Métro : Odéon ; RER : Luxembourg
- Du lun. au sam. 10h-19h
- Formules déj. 12-15 €, conserves à partir de 4,40 €, autres prix au poids

Les Pieds sous la Table

11 DUCKY'S

La vraie star du lieu, c'est la viande rôtie à la chinoise ! Issu de la famille Ang, qui tient une rôtisserie avenue de Choisy, Dan Ang a imaginé ce fast-food autour de l'authentique canard laqué, de l'échine de porc croustillante et du poulet à la citronnelle. À déguster assis, accompagnés de nouilles ou de riz, ou à découvrir dans de moelleux buns cuits à la vapeur. Ces gua bao – qui a dit « burger » ? – superposent carottes marinées, coriandre, canard à la sauce aux prunes et échalotes croustillantes. Avec quelques frites de patate douce, c'est à se lécher les doigts… Ce qui est plus pratique pour déguster ensuite le délicieux flan à la noix de coco et au taro. Et pourquoi ne pas ramener un canard laqué entier à la maison ?

INFOS PRATIQUES

- 157 boulevard du Montparnasse, 75006 Paris
- Métro : Vavin
- Du mar. au sam. 11h30-15h et 18h-21h30
- Menus 9,90-15,90 €, canard entier 25 €

12 LITTLE BREIZH

C'est une maison bleue, à côté d'Odéon, posée fièrement là depuis dix ans. À la barre de cette digne ambassade bretonne, Pascal le patron derrière le bilig envoie à la minute de jolies galettes au sarrasin généreusement garnies. Les classiques sont au garde-à-vous (complète, andouille de Guéméné) et les variations nombreuses, comme ce régal aux épinards, truite fumée et chèvre. On apprécie les œufs bio pour le prix riquiqui, et le caramel au beurre salé maison qui dégouline sur les crêpes du dessert. Le tout servi avec un entrain communicatif qui réchauffe le cœur, même si on mange solo !

INFOS PRATIQUES

- 11 rue Grégoire-de-Tours, 75006 Paris
- Métro : Odéon
- Du mar. au sam. 12h-14h30 et 19h-22h30
- Formules déj. 13,90-16,90 €

13 GIDO

Cette sandwicherie-coffee shop, petite sœur du salon de thé Colorova situé plus bas dans la rue, accueille les gourmands autour d'une grande table à partager. Au menu, quatre sandwichs du jour dont le pain maison (de mie ou brioché) est bluffant. Cap sur la Corée avec un paleron de bœuf bulgogi ou un poulet frit sauce gochujang pimentée. Coup de cœur pour l'original sandwich à l'omelette japonaise panée croustillante mais moelleuse, nappée de sauce au curry japonais et mariée au fondant de la scamorza et du cheddar. Excellents desserts en verrines (divine mousse au chocolat), cookies et bon café de spécialité finissent en beauté cette dînette de bonne facture.

INFOS PRATIQUES

- 27 rue de l'Abbé-Grégoire, 75006 Paris
- Métro : Saint-Placide
- Du lun. au ven. 8h-17h
- Formules déj. 14-16 €

14 MARZO

Dans ce lieu gentiment tendance, blanc et boisé, se cache mieux qu'une bonne pizzeria de quartier. La carte courte, soit une douzaine de références, toutes vraiment italiennes, me rassure. Le test de la margherita est passé haut la main : pâte fine et fondante (cinq jours de maturation), au léger parfum fumé (la marque du four à bois). Un petit trottoir permet de saisir et de déguster avec élégance une pizza dont la garniture, sauce tomate discrètement parfumée au romarin, n'est ni dégoulinante ni caoutchouteuse. Pour les amateurs de croustillant, la calzone sort du lot : stracciatella, jambon aux herbes, parmesan et basilic se mêlent merveilleusement.

INFOS PRATIQUES

- 5 Paul-Louis-Courier, 75007 Paris
- Métro : Rue-du-Bac
- Du lun. au ven. 12h-14h30 et 18h30-23h, sam. et dim. 12h30-15h et 19h30-23h
- Pizzas 15-23 €
- Réservation possible

15 ENNI UDON

À deux pas des Champs-Élysées, les nouilles épaisses de blé tendre, en soupe fumante ou à tremper froides dans la sauce, sont les stars de la carte longue comme un jour sans riz. Pour patienter, une petite friture de poulet, un karaage particulièrement croustillant, et un onigiri à la prune sucrée-salée servi tiède, loin des triangles compacts qu'on trouve désormais dans les gares. Le tenzaru udon avec tempura de crevettes, haricots verts et potimarron tient ses promesses, et le kitsune udon, où nagent morceaux de tofu frits et filaments de poivron rôti, est particulièrement réussi. La salle est animée, voire bruyante : à partir de quatre personnes, réservez l'un des deux box boisés de l'entrée, plus feutrés.

INFOS PRATIQUES

- 6 rue de la Renaissance, 75008 Paris
- Métro : Franklin-Roosevelt, Alma-Marceau
- Du lun. au sam. 11h30-15h et 18h-22h30
- Udon 13,50-22 €, formule déj. prix de l'udon + 7 €
- Réservation possible

16 BAB, BAR À BRIOCHES

Vers Saint-Augustin, les sandwicheries tristounettes ne manquent pas… Mais celle imaginée par Margaux Aycard, fringante pâtissière, sort du lot. Dans ce temple d'allure scandinave (chaises et murs blancs, tables de bois blond) au doux parfum de beurre, la brioche fait le tour du monde, du Canada (bacon et sirop d'érable) à la Scandinavie et son kanelbulle moelleux. À l'heure du déjeuner, le croque-monsieur brioché au jambon de bœuf et champignons ne manque pas de souplesse, mais c'est le fort malin sandwich façon salade Caesar qui m'a séduit : poulet mariné au citron suave, romaine croquante, bacon croustillant, parmesan généreux et sauce aux anchois délicieuse. De quoi en faire… tout un plat !

INFOS PRATIQUES

- 8 rue La Boétie, 75008 Paris
- Métro : Saint-Augustin
- Lun. 8h-15h, mar. à ven. 8h-18h, sam. 11h-18h
- Formules déj. 16-19 €
- Autre adresse : 29 rue Bleue (75009)

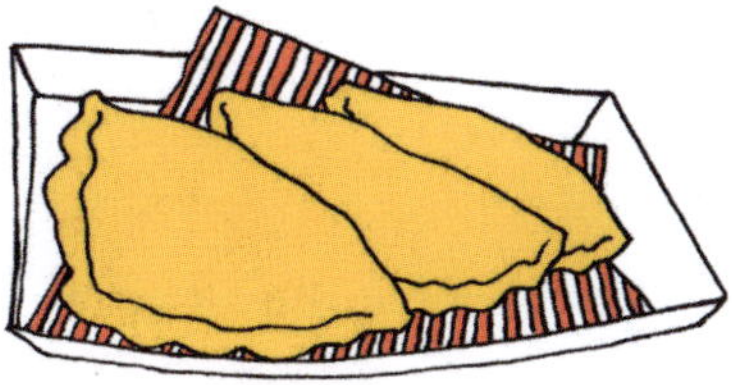

17 LA MAISON DU QUINOA

La Madeleine, morne plaine ! Cachées dans ce passage désuet entre la rue Tronchet et la rue de Castellane, deux bonnes fées boliviennes régalent à prix mini autour de la plus célèbre graine de leur pays d'origine. Soupe, salade, burger, mais aussi lasagnes, il y est toujours associé à des légumes frais. Cap sur les empanadas à la pâte moelleuse enrichie de farine de quinoa, au poulet fermier, aux épinards ou à la viande. Servis avec gentillesse et accompagnés d'une copieuse salade composée, ces chaussons se révèlent savoureux et sont dégustés sur une table abritée par le passage. Cette adresse est une aubaine pour les intolérants au gluten, une grande majorité de plats en étant dépourvue.

INFOS PRATIQUES

- 11 rue Tronchet, 75008 Paris
- Métro : Madeleine
- Du lun. au ven. 11h30-15h
- Plats 9,50-10,50 €, formules 11,50-13,50 €

18 HÉLIA

Patienter qu'une table se libère dans les odeurs de viande grillée au feu de bois, ça donne faim ! Sur ces deux étages à côté des Champs-Elysées, ça débite vite et bien. Si l'on peut se contenter de piocher dans l'impressionnant choix de mezzés maison – seules les feuilles de vigne ne le sont pas ! –, les formules végétariennes ou autour des brochettes et kebab sont également réussies. Houmous et yaourt aux épinards et à l'ail à tartiner sur petits pains briochés, *imam bayildi* (aubergine farcie de légumes), *pide* à l'agneau confit bien jouflue et boulgour tomaté composent le plus joyeux des déjeuners. Finir par un café turc dans les règles de l'art s'impose !

INFOS PRATIQUES

- 16 rue du Colisée, 75008 Paris
- Métro : Saint-Philippe-du-Roule
- Du lun. au sam. 11h-23h non-stop
- Menu déj. 16,50 €
- Pas de réservation à midi, mais possible le soir
- Autre adresse : 3 rue Rougemont (75009)

SUR LE POUCE

Chez ces adresses de compet', mieux vaut emporter pour s'en régaler, l'espace restreint limitant les conditions confortables de dégustation…

SNACK ATTACK

C'est parce que ses yeux verts pétillaient derrière un énorme gâteau au chocolat que j'ai poussé la porte d'Orly Zeitoun. Cette cheffe californio-tunisienne – troisième génération aux fourneaux, respect ! – a imaginé dans sa petite cuisine ouverte une succession de sandwichs et de petits plats qui mettent tous en appétit. Splendide sandwich au poisson frit et à l'aïoli ou originale salade de haricots verts, de chou chinois et de champignons, assaisonnée de kimchi, de sésame et de gingembre : c'est généreux et délicieusement cuisiné. Amateurs de boulettes, accourez : façon polpette italiennes, elles se savourent seules ou dans un sandwich avec provolone et sauce marinara (le fameux *meatball sub*). Et la recette de sa grand-mère, où la viande se cache sous une croûte de purée de pommes de terre, vaut aussi le détour… Gardez une place pour le dessert, car certes il y a le gâteau au chocolat, mais aussi des cookies fantastiques et des gâteaux aux fruits changeant au fil des saisons. Mieux qu'une attaque : un vrai coup de cœur !

INFOS PRATIQUES

• 27 rue de Marguerite-de-Rochechouart, 75009 Paris • Métro : Cadet • Du lun. au mer. 12h-15h et 18h30-20h30, jeu. et ven. 12h-15h • Sandwichs 10-13 €, desserts 3-5 €

LA BONNE TRADITION

Attention, voici le meilleur sandwich du 12e arrondissement ! Preuve en est la queue serpentant sur le trottoir devant ce comptoir n'offrant que trois places. Pour le bonheur de ceux qui mangent au bureau, deux sandwichs changent tous les jours – ce vendredi-là, poulet aux légumes au curry et tomme aux légumes fondants – et deux autres, chouchous des habitués, restent à demeure sur la carte. Même si celui aux galettes de buttetnut, crème d'avocat et tomme me fait de l'œil, je mords finalement dans celui au jambon à l'os, caviar d'aubergines et mozzarella. Servi tiède, il est la combinaison idéale de fondant et de craquant avec son pain fait sur mesure par la boulangerie voisine. Bravo à ces héros de la bonne cuisine du quotidien, celle qui n'a pas d'étoile à part dans les yeux de ses clients.

INFOS PRATIQUES

• 2 rue Érard, 75012 Paris • Métro : Faidherbe-Chaligny
• Du lun. au ven. 12h-15h • Sandwichs à partir de 7 €, desserts 3 €
• Autres adresses : 32 rue de Lyon (75012) et 13 rue Castex (75004)

Snack Attack

MISS BÀNH MÌ

Le nom de l'enseigne ne ment pas : sa spécialité, vietnamienne, est bien le bánh mì. Dans une demi-baguette toute fraîche de chez Kayser, on reconnaît carotte râpée, chou rouge, concombre et coriandre… mais ce sont les garnitures, sacrément bien travaillées, qui font toute la différence. En s'éloignant de la tradition (porc rôti), le bánh mì se fait encore plus voyageur, sous la houlette de la cheffe Hinda Tobni : la bavette d'aloyau marinée au saké et au poivre fumé est juteuse, et les boulettes de potimarron au curry rouge sont un bonheur pour les amateurs de plats végétariens gourmands. Les versions au poulet se promènent du côté de l'Argentine, avec une sauce chimichurri, et du Maghreb, avec du citron confit et des épices. Particulièrement copieux et parfumés, ces bánh mì s'accompagnent volontiers d'une petite entrée : la julienne de pommes de terre légèrement croquantes (un classique de la cuisine chinoise), qui joue avec habileté avec la cacahuète et le paprika fumé. Bref, cette miss mérite une couronne !

INFOS PRATIQUES

• 5 rue Mandar, 75002 Paris • Métro : Sentier, Étienne-Marcel
• Du lun. au ven. 11h30-15h • Bành mì 9,50-11 €

LA LOUISE

Derrière son comptoir de bois, Maëlle Urrien veille sur une flopée de plats du jour tout frais : pommes de terre dorées, fenouil braisé, tranches de butternut rôties, patates douces confites, tajine de légumes anciens, riz pilaf… Un assortiment à se pâmer, pour accompagner un agneau mijoté tout fondant, du bœuf braisé qui n'a rien à envier à la daube de votre grand-père, ou du poulet effiloché moelleux. Ici, « on épluche et on mijote pour de vrai, car on est la cantine du quartier. Moi, je fais une cuisine de village », explique la patronne, qui a choisi le prénom de sa nièce pour nommer son échoppe. Si l'on ne souhaite pas s'installer à l'une des deux petites tables en terrasse, il faut emporter son repas, comme les nombreux télétravailleurs qui défilent ce jour-là pour prendre leur déjeuner.
En dessert, un cookie croquant, un crumble aux pommes ou, mieux encore, un gâteau au chocolat fondant. « Ils m'en boulottent 10 kilos par semaine ! » explique-t-elle en riant. Et ils ont bien raison !

INFOS PRATIQUES

- 73 rue Léon-Frot, 75011 Paris
- Métro : Charonne
- Du lun. au ven. 12h-14h30
- Formules 13,50-16,50 €

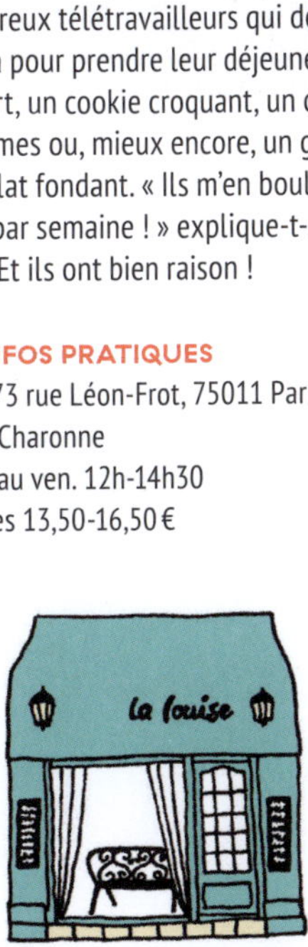

L'ÉPICERIE D'EN FACE

Épicerie, crémerie, charcuterie, mais aussi sandwicherie : ouverte sur la rue, cette échoppe, émanation de l'excellente cave située quasi en face, a tout bon ! Les étagères de bois accueillent conserves bien choisies (ratatouille Guintrand, tripous de l'Aveyron, cassoulet…), condiments sélectionnés et huiles variées. Tous les fromages fermiers et charcuteries proposés à la coupe sont aussi à déguster en sandwich, en deux formats selon les appétits. Impeccable jambon- beurre-cornichons pour les Parigots, jambon d'Auvergne et saint-nectaire fermier – véritable hommage aux bougnats –, ou encore mortadelle de Bologne, stracciatella crémeuse et huile d'olive fruitée… Généreux à souhait et préparés à la minute, ces casse-croûte ont tout pour plaire ! À faire précéder d'une soupe maison (carotte, coco, cumin) et suivre d'un sablé pour le dessert.

INFOS PRATIQUES

- 14 rue Sophie-Germain, 75014 Paris
- Métro : Mouton-Duvernet • Du mar. au sam. 11h-15h et 16h-18h • Sandwichs 4,90-7,90 €

Yory
CANTINE FRANCO-CORÉENNE
YORY 1
SARAVANAA BHAVAN
10 SARAVANAA BHAVAN
RUE LA FAYETTE
BOULEVARD MAGENTA
6
EMI-LEE
ARCIMBOLDO
2
Arcimboldo
TAITU
TAITU 3
BOULEV
MÛRE
4
FERME • MÛRE • CANTINE
CHOUKRAN
CHOUKRAN 5
14 GARUM
NATURALE
ITALIANS LOVE FOOD
ÖZLEM
13 ÖZLEM
24 LE CRÉMIEU
NATURALE 9
champ libre
LE CRÉMIEUX
BOL À COMPOSER
BAO
CANTINE
CHAMP LIBRE 8

DU 9e AU 12e ARRONDISSEMENT
GUMBO YAYA
SOUTHERN KITCHEN
Chicken everyday
SOULFOOD
12 GUMBO YAYA
AT HOMS 11
CAFÉ MIRABELLE 15
AVENUE DE LA RÉPUBLIQUE
Michelle Mabelle
7 MICHELLE MABELLE
terre
TABLE MÉTIS 17
TABLE MÉTIS
MAFE
APERO & COCKTAILS
PLAT DU JOUR
TAPAS & PLANCHES
YASSA
BIÈRES & VINS
MARTIN
19 THE HOOD
18 TERRE
16 DAME NATION
KOTO-KOTO
Just Like in Japan
Mutfak
MEZE
TRAITEUR TURC
22 MUTFAK
20 BENTO KOTO KOTO
BOULEVARD DIDEROT
Au Vinyle Gourmand
23 AU VINYLE GOURMAND
Cuisine chinoise traditionnelle
LYCHEE
Nouilles Raviolis
21 LYCHEE

DU 9e AU 12e ARRONDISSEMENT

Des Grands Boulevards à la gare de Lyon en passant par le canal Saint-Martin, la Bastille et la Coulée verte, le quartier le plus gourmand de Paris ne manque pas de bons plans.

1 YORY

Si le nom, écrit en noir sur la façade immaculée, signifie « cuisiner » en coréen, il est aussi l'heureux mélange des prénoms de Yeo Hyun Lee, la cheffe, et de Grégory Vacher en salle. Leur credo : des ingrédients bien sourcés et plein de légumes bio pour des *bibimbap* frétillants de fraîcheur. En guise d'entrée en matière, le tofu assaisonné d'une délicieuse sauce au sésame et lamelles de celtuce (dite aussi laitue-asperge) étonne autant qu'il ravit. Déboule ensuite un bol de riz et d'orge où sont rangés, comme les bandes d'un arc-en-ciel, carottes, céleri, concombre, champignons noirs, le tout couronné de seiche fondante. Couleurs chatoyantes, ingrédients allant du tiède au brûlant : tout est maîtrisé dans ce plat bienfaisant, nappé d'huile de sésame grillé de qualité.

INFOS PRATIQUES

- 1 rue de Maubeuge, 75009 Paris
- Métro : Le Peletier
- Du lun. au sam. 12h-15h
- En semaine, menu déj. 17-18 € ; le sam., entrées 7-9 €, plats 19-20 €

2 ARCIMBOLDO

À chacun sa pizza. Moelleuse et épaisse ou fine et croquante, il y a autant de styles que de pizzaiolos. Dans cette échoppe tout en longueur d'une dizaine de places, Killian, à qui l'on doit aussi l'excellent choix de vins nature, a décidé de préparer la pizza comme il aime la manger : fine et bien garnie Sa pâte craquante à base de farines multicéréales et de blé Manitoba me fait aussi craquer, perchée sur un haut tabouret installé dans la rue – il sera bien temps de rentrer à l'heure des frimas. Qu'elles soient rustiques, au pecorino, aux champignons et à la pancetta, ou plus raffinées, avec légumes grillés, feta et zeste de citron râpé, leurs *pizze* sont pleines de goût et de couleurs. La faire précéder d'une soupe (fenouil et coriandre) et suivre d'une excellente crème au chocolat noir, ça fait un déj' archi chouette !

INFOS PRATIQUES

- 22 rue Cadet, 75009 Paris
- Métro : Cadet
- Du mar. au ven. 12h-14h30 et 19h-22h30, sam. 19h-22h30
- Menus midi 12,90-18,90 €, pizzas 12-18 €

3 TAITU

Tables noires et chaises de bistrot, murs blanc et ocre : il faut un œil exercé pour reconnaître les clins d'œil à l'artisanat éthiopien dans cette cantine, dont le nom rend hommage à l'impératrice Taytu Betul, femme de Ménélik II. La carte soigne autant les plats vegan que carnés, jonglant entre pois chiches aux épices et herbes, agneau grillé ou doro wot, poulet mijoté au mekelesha, mélange de sept épices. À déjeuner, pour mettre au goût du jour l'injera, grande galette à base de teff fermenté sur laquelle sont posés ragoûts mijotés de viande ou de légumes, place au misaka (« panier-repas ») qui permet de goûter épinards aux oignons caramélisés et piment vert (délicieux), pois cassés au curcuma, bœuf ou poulet grillé mariné, riz parfumé et samoussas aux lentilles.

INFOS PRATIQUES

- 1 bis rue Bleue, 75009 Paris
- Métro : Poissonnière, Cadet
- Du lun. au sam. 12h-15h et 19h-23h, dim. 18h-23h
- Menu midi 15,50 €, menu découverte 21 €
- Réservation possible

4 MÛRE

L'ardoise débordante de choix et de légumes de saison (cultivés dans la ferme de l'enseigne en Seine-et-Marne) montre que Mûre a bien de l'esprit : celui de l'alimentation durable et savoureuse, proposée à prix doux dans un joyeux mélange de salades, soupes et petits plats servis avec le sourire. Les mélanges plus osés qu'à l'ordinaire et les épices bien dosées régalent à peu de frais : mafé de poulet où les arachides se mêlent au riz sauvage, au chou vert et aux fèves séchés ; moelleuse pizza hivernale où poireaux, comté et potiron se marient pour le meilleur au curry et au croquant des graines de courge. Desserts à l'avenant, avec un brownie au sésame sous bonne influence ou une originale panna cotta au mélilot.

INFOS PRATIQUES

• 53 rue du Faubourg-Poissonnière, 75009 Paris
• Métro : Bonne-Nouvelle, Poissonnière
• Du lun. au ven. 9h-15h
• Formules 13,90-17,50 €
• Autres adresses : 6 rue Saint Marc (75002) et 37 rue Lafayette (75009)

5 CHOUKRAN

Grand sourire et bonnes ondes garanties pour qui s'installe chez Abdel Alaoui, fidèle défenseur de la gastronomie marocaine, remise au goût du jour sans être dénaturée. Les amateurs de couscous y sont à la fête, avec un bouillon de légumes bien épicé et du *tfaya* (raisins secs et oignons caramélisés à la fleur d'oranger et à la cannelle) accompagnant merguez (le best-seller) ou keftas moelleuses. La semoule est même disponible en version sans gluten. Pour les pressés, sandwichs (boulettes, falafels de lentilles…) glissés dans un *msemen* (pain plat feuilleté) ou dans un pain brioché. Un facétieux *tiramisouk* à l'*amlou* (pâte à tartiner aux amandes, à l'huile d'argan et au miel) s'impose pour finir.

INFOS PRATIQUES

• 29 rue Saint-Georges, 75009 Paris
• Métro : Notre-Dame-de-Lorette
• Du lun. au ven. 12h-15h et 19h30-22h30, sam. 12h-23h, dim. 12h-16h et 19h-22h30
• *Kazdal* à partir de 9,50 €, *bledwich* à partir de 11,50 €, couscous et plats à partir de 14 €, desserts à partir de 3,50 €

6 EMI-LEE

Pas de carte pléthorique dans cette exquise cantine vietnamienne, où Emilie Bonistalli régale ses fidèles qui font souvent la queue pour s'y régaler. Nems croustillants et rouleaux de printemps (porc, crevette, végétarien) bien garnis, banh mi savoureux et plusieurs versions de phôs (soupe vietnamienne complète) au poulet ou au bœuf émincé sont au menu. Itou pour les bò bún , qui se déclinent au bœuf, au porc mariné, aux crevettes mais aussi avec des galettes de porc au tito, sorte de shiso très aromatique – ma garniture préférée. Un plat du jour permet d'y retourner sans jamais se lasser : un festin parfumé et généreux, comme l'accueil de sa patronne !

INFOS PRATIQUES

- 21 rue des Messageries, 75010 Paris
- Métro : Poissonnière
- Du lun. au ven. 11h-15h
- Formules 14-16,50 €

7 MICHELLE MABELLE

Ce joli comptoir bleu layette est l'annexe pour déjeuner sur le pouce du restaurant Candide contigu. On y retrouve l'exigence d'Alessandro Candido et de Camille Guillaud, qui ne mégotent pas sur la qualité des produits (fermiers, parfois bio) pour proposer d'excellents sandwichs et tartes. Leur splendide croque-monsieur nous réconcilie avec ce classique : garni d'emmental français et de jambon du Tarn sans nitrates, tartiné de crème normande et de parmesan puis gratiné à souhait, il a le charme des souvenirs d'enfance. Les plus sages l'accompagneront d'une bonne soupe de légumes et les plus gourmands se jetteront sur les pommes paille croquantes, relevées d'une touche d'épices cajun. Pour finir, régression assurée avec la semoule au caramel, douce comme un câlin.

INFOS PRATIQUES

- 37 boulevard de la Villette, 75010 Paris
- Métro : Belleville, Colonel-Fabien
- Du lun. au ven. 12h-14h30
- Formules 8,50-15 €, croque-monsieur 12 €

8 CANTINE CHAMP LIBRE

Cuisiner avec des produits de saison, cultivés au plus près du resto, réutiliser tous les restes pour limiter le gaspillage et faire plaisir à ceux qui s'attablent : ce défi est joyeusement relevé dans cet établissement installé près de République. Pour une cantine, l'endroit est ravissant, avec ses murs de brique et de zelliges ocre, ses chaises chinées et disparates, comme ses assiettes dépareillées. Démarrage réussi avec des poireaux (tendres et fondants) recouverts d'une bonne gribiche et d'une chapelure croustillante – ça change des croûtons. Si le veau aux carottes embaume à la table d'à côté, je préfère plonger ma fourchette dans le plat fumant de porc effiloché bien juteux, dont les sucs se mêlent à une purée de panais aussi douce qu'un câlin, agrémenté de pois chiches, de chou et de poireau braisé. De délicieux légumes qui montrent qu'il n'y a pas que les patates en hiver ! Je piquerais volontiers la recette du gâteau moelleux aux agrumes et au sarrasin, doux et acidulé à la fois, qui clôture le repas.

INFOS PRATIQUES

- 9 rue Taylor, 75010 Paris
- Métro : Jacques-Bonsergent
- Du lun. au sam. 12h-15h et 19h30-23h
- Menu déj. 17-19 €, brunch 29 €, carte soir 45 €
- Réservation possible

9 NATURALE

Le doux parfum de basilic frais s'échappant de cette échoppe italienne m'a convainvue d'y entrer. *La forza del destino* fait sacrément bien les choses ! Ici, c'est soit une part de lasagnes, soit une pizza *al taglio*, soit une *puccia* (sorte de focaccia des Pouilles) qui constitue le cœur du menu, servi en VO par une équipe romaine, calabraise et sicilienne. Quelle joie de retrouver des anchois napolitains, de l'origan sauvage de Sicile et une bonne sauce tomate sur une pâte maison fine et croquante ! Les lasagnes, déclinées aux artichauts aussi bien qu'à la bolognaise, ce sera pour une autre fois, car j'ai craqué pour de vrais *arancini*, boulettes de riz fourrées au *ragù* de la taille d'une orange, où je retrouve le goût de mes souvenirs d'enfance sicilienne. *Buonissimo !*

INFOS PRATIQUES

- 40 bis rue du Faubourg-Poissonnière, 75010 Paris
- Métro : Poissonnière, Bonne-Nouvelle
- Du lun. au ven. 12h-21h, sam. 10h30-19h
- Formules déj. 10,90 €-18,90 €

10 SARAVANAA BHAVAN

Tout à côté de la gare du Nord, ce grand restaurant vert pomme affiche la couleur : évidemment végétarienne. C'est le seul établissement français de la plus grande chaîne de restos végétariens du Sud de l'Inde, créée en 1981 et présente dans 81 pays. Sa carte pléthorique fait la part belle aux crêpes (dosa, uthappam), pains et beignets variés (poori, chapati, parotta), le tout arrosé de chai servi dans des gobelets métalliques. Le South Indian Meals et le North Indian Thali, plateaux-repas complets, et les idly (boulettes de riz et lentilles) sont parfaits pour manger vite fait. Attention : bien vérifier le nombre de piment discrètement placé à côté de certains plats, sous peine de déconvenues piquantes…

INFOS PRATIQUES

- 170 rue du Faubourg-Saint-Denis, 75010 Paris
- Métro : Gare du Nord
- Tlj. 10h-22h30
- Formules 15 €-17 €

11 AT HOMS

Est-ce une cantine libanaise ou syrienne ? Un peu des deux, comme l'adorable fratrie qui la tient dans la bonne humeur, pour le grand plaisir des gourmets qui font la queue. Le plateau de mezze est frais et copieux. Aux côtés des *kibbés* de viande et des *fatayers* aux épinards, les *falafels*, aux fèves et aux pois chiches, embaument les épices, et le caviar de betterave syrien, acidulé de mélasse de grenade, unit les goûts et les couleurs. La *moudjeddra*, mélange de boulgour et de lentilles aux oignons frits, est coiffée de boulettes de viande tomatée et adoucie avec du yaourt : équilibré et goûteux ! Le coin bibliothèque encourage à prolonger la pause avec une pâtisserie au miel...

INFOS PRATIQUES

- 48 avenue Claude-Vellefaux, 75010 Paris
- Métro : Colonel Fabien
- Du lun. au sam. 11h30-22h
- Plats 10 €, formule mezzés 13,50 €, autres menus 11-18,50 €

12 GUMBO YAYA

La *soul food* afro-américaine réconforte l'âme à coups de friture et d'épices. L'une de ses spécialités, le *fried chicken*, trouve ici une ambassade spartiate aux bancs de bois, à partager entre solides appétits. Mariné dans le *buttermilk* (lait fermenté), pané trois fois et frit, le poulet doré et fondant s'alanguit au choix entre deux gaufres – le fameux *chicken and waffles* –, dans un bun tel un burger ou un biscuit (sorte de scone), se mêlant divinement au cheddar fondu, au chou rouge émincé et à la sauce pimentée. Soit dix bons centimètres d'indécence gastronomique, accompagnés de frites de bonne tenue : une excellente adresse, à éviter si l'on est au régime !

INFOS PRATIQUES

- 3 rue Charles-de-Robin, 75010 Paris
- Métro : Colonel Fabien
- Du mar. au sam. 12h-22h, dim. 12h-16h
- Plats 10-15 €

13 ÖZLEM

Combien de gourmets font la moue en entendant le mot « kebab » ? Loin des gargotes où pain industriel et viande graisseuse se marient à des frites surgelées, ce *döner kebab* (« grillade tournante ») est mon préféré depuis des années. Dans cette maison de tradition anatolienne, on les prépare depuis trois générations. Et Edip Bolatoğlu, qui a étudié à l'école Ferrandi, s'enorgueillit de tout faire maison. La galette *dürüm*, extrafine, est cuite tous les matins, et la poitrine de veau et de dinde, marinée vingt-quatre heures avant d'être embrochée, n'est découpée qu'au couteau, en lanières juteuses. Sauce acidulée, salade et persil émincés, oignons au sumac, à l'assiette ou en sandwich, c'est un régal ! Quant aux *adanas* (brochettes de viande hachée), revenez pour les goûter !

INFOS PRATIQUES

- 57 rue des Petites Écuries, 75010 Paris
- Métro : Bonne-Nouvelle, Poissonnière
- Du lun. au sam. 11h30-16h30
- Formules 10-13,50 €

14 GARUM

Façade noire, comptoir carrelé de blanc et tables simples autour d'une banquette de bois : ce restaurant italien spartiate mise tout sur l'assiette plutôt que sur la déco. Les portions généreuses et la fraîcheur des plats ont fait sa bonne réputation. Ainsi, les haricots blancs mijotés en sauce tomate pimentée sont facétieusement nommés « à la Bud Spencer » en référence à leur dégustation dans *On l'appelle Trinita*. Pour suivre, une belle assiette de penne aux champignons et crème de parmesan, aussi savoureuse que copieuse. Ma voisine se régale de raviolis maison aux pommes de terre et menthe, que je reviendrai goûter un soir quand les poissons sont à l'honneur et que d'autres spécialités sardes font leur apparition, comme le risotto de *fregola*.

INFOS PRATIQUES

- 64 rue Sedaine, 75011 Paris
- Métro : Voltaire
- Du mar. au sam. 12h-15h et 19-23h
- Menus midi 15-19 €, raviolis sardes 18 €

15 CAFÉ MIRABELLE

Ce nom, qui sent bon la Lorraine, signale les origines de l'Est de la France de Marion Goettlé, pâtissière zélée, créatrice de ce boudoir-salon de thé où tout fait saliver… Selon l'envie du moment, *kaesknepfle* (gnocchi de fromage frais), escalope panée, poisson aux courgettes et feuille de figuier, bruschettas se déclinent avec les saisons. Toujours veiller à garder de la place pour les élégants desserts. Sablé breton aux fruits rouges, gâteau chocolat, caramel et réglisse, glaces maison ou Paris-Brest n'ont rien à envier aux vitrines des grands pâtissiers. Parfait aussi pour s'offrir un copieux petit déj' en semaine, et profiter de la petite terrasse à l'heure du déjeuner. Bonus : le soir, c'est flammekueche !

INFOS PRATIQUES

- 16 rue de la Vacquerie, 75011 Paris
- Métro : Voltaire
- Mer. 8h-8h, jeu. et ven. 8h-23h, sam. et dim. 9h-23h
- Menu déj. 19,50 €, brunch 36 €, petit-déj. 9,50 €
- Réservation conseillée

16 DAME NATION

Ce bistrot près de Nation pourrait se contenter de réchauffer de tristes produits de grossistes, mais il a le bon goût d'afficher son indéniable savoir-cuisiner, servi avec efficacité. Place à une carte joyeusement sous influences, où la classique salade de mâche et betterave prend la tangente italienne avec de la ricotta fumée et où le taco de bœuf se fait entrée ! La pastilla de poulet roulée en cigare croustille, le sauté d'agneau à l'orange sanguine fond dans la bouche et le porc sauté au wok, avec carottes du Val-de-Marne, ne manque pas de peps. On sait désormais où aller grailler avant de défiler…

INFOS PRATIQUES

- 2 rue Guénot, 75011 Paris
- Métro : Rue des Boulets
- Du lun. au sam. 12h-22h30
- Formules déj. 17-20 € du lun. au ven., sam. et jours fériés 20-23 €

VINS AU VERRE
À LA BOUTEILLE
VINS AU VERRE
À LA BOUTEILLE

17 TABLE MÉTIS

Sylvain Avajon, le maître des lieux, a imaginé ce bistrot aux rideaux en wax qui remixe avec brio les cuisines d'Afrique. En mode bistronomie le soir, et en mode cantine à l'heure du déjeuner, où l'on demande son plat sans façon au comptoir pour simplifier le service. Ici, c'est poulet ou tofu (maison s'il vous plaît !) assaisonné à la mode sénégalaise du nokoss, mélange d'épices chaleureux. Sauce tomate-gombos, cacahuète-curry, oignon-citron nappent l'ensemble avec gourmandise. Ne pas rater en entrée les beignets de haricots niébé, croustillants à souhait, ni en dessert les originales bananes plantain au chocolat, arachide et caramel, le tout arrosé d'un jus de gingembre maison. Un top afro-bistrot où l'on a envie de revenir le soir !

INFOS PRATIQUES

- 40 rue des Boulets, 75011 Paris
- Métro : Rue des Boulets
- Du mardi au sam. 12h-14h et 19h-22h
- Plats 10,90 €, entrées 2,60-3,90 €, desserts 3,30-3,90 €

18 TERRE

Hugo Richier, ancien de la Bourse et la Vie, s'affaire au-dessus de ses raviers anciens et de ses nostalgiques plats ovales en terre-de-fer de ce chic bistrot contemporain du 11e. Ils regorgent de délices rétro, dont de bons poireaux-vinaigrette et des œufs-mayo verdoyant de sauce ravigote herbacée. Dans les assiettes chinées, le chinchard, poisson trop méconnu, fait le beau avec un chou pointu rôti bien sucré, relevé de yaourt acidulé, tandis que l'aubergine rôtie se découvre des partenaires de choc avec la pêche blanche et l'olive de Kalamata. Plus de tarte à la mirabelle ? Pas de souci : il reste encore de la mousse au chocolat et au café, copieusement servie à la louche par le taulier.

INFOS PRATIQUES

- 23 rue de Montreuil, 75011 Paris
- Métro : Faidherbe-Chaligny
- Du mar. au sam. 12h-15h et 19h-22h30
- Menu déj. 20 €
- Réservation conseillée

19 THE HOOD

Direction Singapour, avec ce délicieux *coffee shop* au bon goût d'Asie du Sud-Est. À savourer absolument : leur délicieux chicken rice, plat national singapourien, à base de poulet fermier fondant, associé à un riz parfumé, une sauce légère au gingembre, un œuf dur mariné dans le thé (délicat comme tout) et des achards. En une bouchée, je retrouve toute la rondeur et la simplicité de ce plat parfumé, dont on dose soi-même le piment ! C'est aussi l'endroit idéal pour découvrir le *laksa*, soupe malaisienne de nouilles de riz aux crevettes, lait de coco, tofu frit et champignons. Une escapade haute en goût qui vaut le détour, avec en face Nonette, leur annexe dédiée aux *bành-mì.*

INFOS PRATIQUES

- 80 rue Jean-Pierre-Timbaud, 75011 Paris
- Métro : Parmentier, Couronnes
- Du lun. au ven. 12h-15h et 18h30-22h, sam. et dim. 11h-22h
- Formule déj. 16 € du lun. au ven., brunch 29 € sam. et dim.

20 KOTO-KOTO

Quatre tables en terrasse, un comptoir tout simple et, sur l'ardoise, trois bentos japonais : autour d'un poisson, d'une viande ou 100 % végétal. Perchée sur mon tabouret, je savoure, dans la boîte laquée compartimentée, aubergines marinées, onigiri (boulette de riz triangulaire) saupoudré de shiso acidulé, pickles maison de concombres et de carottes bien sucrés, salade de pommes de terre à la japonaise (écrasées puis relevées d'herbes et de mayonnaise) et parfaites gambas aplaties et panées comme dans une grande table ! Pour les curieux, « koto-koto », c'est l'onomatopée qu'on prête en japonais aux plats qui mijotent à feu doux : tout un programme.

INFOS PRATIQUES

- 128 rue de Charenton, 75012 Paris
- Métro : Gare de Lyon
- Du lun. au ven. 12h-14h
- Bentos 13 €, desserts vegan 4 €

21 LYCHEE

Une cuisine ouverte sur une salle toute simple, où les photos des plats du jour sont punaisées au mur pour vous aider à choisir : ici, il n'y a rien à cacher et tout à découvrir. Mais ce sont les conseils enjoués de la patronne qui me convainquent de goûter les boulettes sauce yuxiang, dont elle m'avoue avoir fait son petit déj'. La veinarde : nappées d'une sauce au gingembre, avec piment discret, vinaigre et sauce soja, les boulettes de porc, rehaussées de poivron, sont fondantes à souhait. Le poulet gōng bào aux cacahuètes, servi avec de longues nouilles maison, est du même acabit. Ne pas chercher ici la cuisine d'une province plus que d'une autre : « On ne cuisine que ce que l'on aime manger, comme à la maison. » Après le bistrot parigot, la trattoria italienne, la cuisine familiale chinoise reste à découvrir, et cette ambassade est parfaite pour se lancer.

INFOS PRATIQUES

- 51 avenue du Général-Michel-Bizot, 75012 Paris
- Métro : Porte-de-Charenton, Michel-Bizot
- Du mar. au dim. 12h-15h et 18h-22h30
- 20 € max.

22 MUTFAK

Ici, c'est une « cuisine », comme signifie en turc le nom de cette épicerie-traiteur. Derrière le comptoir, Isyan Karaman dit que tout est maison, «sauf le halva, les loukoums et les pains, confectionnés par un boulanger spécialisé ». Bon sang ne saurait mentir : c'est à ses parents que l'on doit le Janissaire, excellente ambassade de la gastronomie turque dans le quartier. Dans l'appétissante vitrine regorgeant de mezze, je choisis une *köfte* (boulette) de boulgour, bœuf et noix et un *mücver* (beignet de courgette, carotte, pomme de terre et fromage) qui s'avère un choix judicieux, tout comme le plat de boulettes, accompagnées de boulgour à la tomate et d'une salade assaisonnée de mélasse de grenade. Ne pas faire l'impasse sur le baklava, pas trop sucré, à arroser évidemment d'un café turc.

INFOS PRATIQUES

- 9 rue Rondelet, 75012 Paris
- Métro : Reuilly-Diderot
- Du lun. au sam. 11h30-20h
- Menus déj. 13,50-16,50 €

23 AU VINYLE GOURMAND

Avant un concert à l'Accor Arena ou un train vers la Bourgogne, voici un bon plan dans le quartier de Bercy. Il ravira les mélomanes et les amateurs de cuisine vietnamienne, unissant les passions de ces deux reconvertis qui tiennent boutique avec le sourire. Yvonne Rivière, ancienne RH, prépare bò bún, nouilles sautées, sandwichs (bánh mì ou jambon-beurre) et curry de crevettes aux légumes, tandis que Christophe Eveillard, ancien disquaire à Alès et désormais pro de l'accueil et du service, a posé au fond du resto ses bacs à merveilles, remplis de bons vinyles. Au son de Jimmy Somerville puis de Queen, je savoure les bánh cuôn, raviolis maison au porc et aux champignons savoureux, avant de valider le porc au caramel. Pour les fringales de l'estomac et des oreilles !

INFOS PRATIQUES

- 12 rue Henri-Desgrange, 75012 Paris
- Métro : Bercy
- Du lun. au ven. 12h-20h, sam. 12h-17h (et plus tard les soirs de concert)
- Bánh mì à partir de 6,90 €, bò bún 10,90 €, formules 8-10,40 €

24 LE CRÉMIEUX

À l'angle des rues de Lyon et de Crémieux, la plus instagramée de Paris à cause de ses façades multicolores, cette facade indigo se repère de loin. Ici, tout est fait maison (tant mieux), bio (encore mieux), et la formule est magique : le plat (poulet au curry, porc effiloché, mijoté de lentilles) se transforme soit en bol garni de riz et de légumes de saison (potimarron, navet et butternut rôtis, chou rouge croquant), soit en bao, petit pain vapeur chinois, avec des pommes de terre. Deux versions aussi généreuses l'une que l'autre. L'ensemble, roboratif, est servi avec efficacité. On s'attarde un peu pour le dessert avec un cake banane-choco ou un cookie. Pratique, écoresponsable et savoureux !

INFOS PRATIQUES

- 21 rue de Lyon, 75012 Paris
- Métro : Gare de Lyon
- Tlj. 9h-22h, service à partir de 11h30
- Menus déj. 14-16 €

GOD SAVE THE FOOD!

Avouer aimer le rosbif à la menthe et les scones quand on est une critique culinaire française, c'est un peu comme porter un tee-shirt d'AC/DC devant un quatuor de musique classique : déconcertant. Revendiquant fièrement ma passion pour la cuisine de la Perfide Albion, voici de quoi la partager en 5 adresses pour la (re)découvrir.

VERY FRENCH BEANS

Niché au cœur des Batignolles, ce coffee shop propose une tourte à la pâte bien beurrée cachant une garniture gourmande au poulet, à l'estragon et au jambon, même si le sandwich aux œufs-mayo a aussi bonne mine. Jolie sélection de gâteaux maison, dont un excellent *carrot cake* sans gluten bien épicé et un très gourmand brownie au beurre de cacahuète. En bonus, un coin épicerie affiche une jolie sélection de marmelades, thés et autres douceurs. Le samedi matin, place au *full english breakfast* : œufs brouillés, bacon, saucisses, galettes de pommes de terre et évidemment *beans*, haricots blancs mijotés dans une sauce légèrement sucrée.

INFOS PRATIQUES

• 18 rue Boursault, 75017 Paris • Métro : Rome • Du lun. au ven. 8h-17h30, sam. 11h-16h
• Formules midi 9,50-16,50 €, pie 8,50 € et sandwich 7 €

PROJECT SAUSAGE

Petits pâtés au porc, feuilletés aux légumes et sandwichs dodus à base de pain de mie, préparés par David John Kelly, paradent en vitrine de cette petite cuisine ouverte sur la rue. Dans la *pork pie* bien assaisonnée, à la pâte épaisse et croustillante, pas de gélatine, et dans la *sausage roll*, la juste dose d'oignons et de graines de fenouil. La *cornish pasty*, ancêtre des empanadas argentines, contient un ragoût de bœuf et de légumes avec, ô joie, du rutabaga !
En dessert, optez pour le délicieux crumble beurré à souhait. Pour déjeuner, un micro-comptoir et un mange-debout, mais le jardin Truillot n'est pas loin. Avis aux amateurs : le *scotch egg* (œuf mollet entouré de chair à saucisse, puis pané) n'est à la carte que le samedi.

INFOS PRATIQUES

• 57, rue du Chemin-Vert, 75011 Paris • Métro : Voltaire, Saint-Ambroise • Du lun. au sam. 9h-17h
• Formules 10-15 €, *pork pie* et *sausage roll* 6 €, *cornish pasty* 9 €, desserts 3-5 €, sandwichs 8 €

Very French Beans

TEN BELLES BREAD

Dans cet espace insolite, grand frère du coffee shop Ten Belles, le duo franco-britannique Alice Quillet et Anna Trattles ne jure que par le local et le bio. Ici, les pains au levain moelleux fournissent nombre de restos, mais servent aussi de base à de délicieux sandwichs toastés. Le *egg mayo*, souvent au menu du week-end, est inégalable… tout comme les *pie* de tradition anglaise. Sous son délicat feuilletage, le ragoût de lapin aux carottes, accompagné de mizuna et de pousses de pak choi croquantes, est exquis. En partant, craquez pour la meilleure *lemon slice* de la capitale !

INFOS PRATIQUES

• 17-19 bis rue Bréguet, 75011 Paris • Métro : Chemin-Vert • Du lun. au ven. 8h30-19h, sam. et dim. 9h-17h30 • À partir de 7 €

BAKE

Avec ses airs de boulangerie et de *diner* américain, cet établissement coincé entre deux lycées fait, à l'heure du déjeuner, le plein d'ados attirés par l'odeur des bagels tout chauds. La courte carte – une dizaine de produits – se concentre sur les classiques anglo-saxons, du roulé à la cannelle jusqu'au *sausage roll* bien feuilleté. Le bagel maison, classiquement garni de saumon, de fromage frais et d'oignons rouges, ou (plus original) de salade d'œuf dur à la ciboulette, s'en sort bien. Les gros appétits préféreront la fraîche focaccia au levain dont la garniture change au fil de l'inspiration. Pour finir, cookie plus croquant que moelleux – à chacun son style – ou cake au citron – coup de cœur –, avec une fine couche de glaçage.

INFOS PRATIQUES

• 96 rue du Faubourg-Poissonnière, 75010 Paris • Métro : Poissonnière • Le lun. 10h-15h, du mar. au ven. 8h30-15h • Formule déj. à partir de 13 €

JOHANA'S FISH AND CHIPS

Du poisson et des frites comme là-bas. Dans sa cuisine, Johana passe l'églefin, le merlu ou le cabillaud à la casserole, dans une fine pâte à frire, tandis que son père assure service, conseil et encaissement avec le sourire. On peut déguster ces *fish and chips* sur place ou opter pour les bancs de la place Goldoni toute proche. Sous l'emballage façon papier journal, les frites maison, un peu épaisses, sont bien croustillantes. À tremper tantôt dans la sauce tartare, tantôt dans la purée de petits pois so british, d'un vert à rendre envieux les gazons d'Angleterre. On arrose le tout d'un filet de vinaigre de malt et en une bouchée, on a passé la Manche !

INFOS PRATIQUES

• 30 rue Saint-Sauveur, 75002 Paris • Métro : Sentier, Étienne-Marcel • Du lun. au sam. 12h-15h et 19h-22h • Fish and chips à partir de 16,90 €

20 FEEL LING
KITCHEN FEEL 感受 LING
SEINE
RESTAURANT SHABESTAN
SALON DE THÉ
TRAITEUR
18
MAISON BELLEGUIC
COMPTOIR BRETON
MAISON BELLEGUIC
13 SHABESTAN GRENELLE
RUE DE VAUGIR
19
DONG NÉ
6 CA PHÊ BROC OUEST
14 MAISON AMBRE
CHEZ VICTOR
10 CHEZ VICTOR
TRAITEUR LIBANAIS
Marwa
Marwa
RESTAURANT ALSACIEN
La Mirabelle
MIKOPÜY
8
MIKOPÜY
17 LA MIRABELLE
15 MARWA

DU 13e AU 16e ARRONDISSEMENT
MISU
RESTAURANT CORÉEN
16 MISU
台北廚房
TAIPEI GOURMET
1 TAIPEI GOURMET
BOULEVARD DE L'HÔPITAL
MOM'S
12 MOM'S
11 TONKATSU TOMBO
LÀ-HAUT CAFÉ · CANTINE
7 LÀ-HAUT
BOULEVARD VINCENT AURIOL
SÜPER
5 SÜPER
Tenderness
3 TENDERNESS
Bistrot Le Vaudésir Restaurant
9 LE VAUDÉSIR
SPÉCIALITÉS VIETNAMIENNES
4 NGOC XUYEN SAÏGON
2 COUPI BAR
RUE DE TOLBIAC
E D'ALÉSIA

DU 13e au 16e ARRONDISSEMENT

Cap au Sud ! Ces coins résidentiels cachent bien leur jeu : des pépites s'y nichent, se révélant volontiers au promeneur affamé.

1 TAIPEI GOURMET

Un snack vert fluo près de la gare d'Austerlitz ? Non, une ambassade taïwanaise ! Pour commencer, place aux *gua bao* (petits pains vapeur pliés) sur une fondante poitrine de porc rôtie et à une affriolante galette feuilletée à la ciboule particulièrement réussie. Même succès pour le poulet aux trois parfums (ceux du vin de riz de Shaoxing, de la sauce soja et de l'huile de sésame composant la sauce de ce classique taïwanais) et plébiscite pour le haché de porc caramélisé sur riz moelleux, plat choisi (à raison) aux tables alentour et grande spécialité de la maison. Pour finir, goûtez à l'original gâteau feuilleté aux haricots rouges, fait maison, comme tout ici.

INFOS PRATIQUES

- 5 boulevard Saint-Marcel, 75013 Paris
- Métro : Saint-Marcel, Gare d'Austerlitz
- Du lun. au sam. 11h30-18h
- Menus 11,90-13,70 €, à la carte 15 €

② COUPI BAR

Un bar PMU classique en face des tours de la porte d'Ivry, avec grilles de loto à cocher et grands-pères sirotant leur café (bio) en terrasse : dès 11 h, c'est l'heure du sandwich. Ici, pas de jambon-beurre, mais un bánh mì sur zinc qui vaut le détour ! Sous la férule de Stéphane, le patron, le plus vietnamien des sandwichs baguette se décline au poulet, au tofu pané, au pâté et à la poitrine de porc, comme le veut la tradition, ou, plus raffiné encore, au bœuf et à la citronnelle. Fait minute et servi tiède – il faut parfois un peu l'attendre, il n'en sera que meilleur –, il épate par son croustillant et son heureux mariage de mayonnaise, concombre, coriandre, pickles de carotte et daïkon à la fois frais et authentique. Pour les gourmands, bao vapeur et frites maison complètent le menu, qui fusionne aussi les influences japonaises et coréennes. Les frites au kimchi, on dit oui !

INFOS PRATIQUES

- 48 avenue de la Porte-d'Ivry, 75013 Paris
- Métro : Porte-d'Ivry
- Du lun. au ven. 8h30-17h, le sam. 9h-17h
- Bánh mì 5,50-8 €, bol 10 €, formules 8,50-12 €

3 TENDERNESS

À deux pas de la fac de Tolbiac, voici un mini-traiteur (huit places assises) qui ne prend pas les étudiants pour des jambons. Bien loin des snacks douteux, Émilie Suzanne propose sandwichs du terroir, salades de saison et plats mijotés, à prix plancher. Je vois passer au vol un gourmand poulet-jambon cru-mayo à l'estragon, mais je préfère planter ma fourchette dans le plat du jour, un bœuf mijoté avec une purée beurrée. Juste avant, une soupe de panais à la citronnelle m'a réconciliée avec cet ingrat légume racine. Bonus : la possibilité d'offrir un café ou un sandwich suspendu, payé à l'avance puis offert à une personne dans le besoin.

INFOS PRATIQUES

- 4 rue Charles-Moureu, 75013 Paris
- Métro : Tolbiac
- Du lun. au ven. 9h30-15h
- Sandwich 8 €, plat du jour 9 €, bowl 8,90 €

4 NGOC XUYEN SAÏGON

Coriandre, cardamome noire et nuoc-mâm font flotter une odeur unique dans cette cantine vietnamienne. Le phô tonkinois y est particulièrement remarquable et réconfortant : bouillon presque capiteux, nouilles de riz à la cuisson maîtrisée (croquantes au début, se gorgeant de jus au fur et à mesure), fines tranches de bœuf gras comme il le faut. On y trempe son beignet pour en profiter jusqu'à la dernière goutte. La soupe saïgonnaise, avec calamars et crevettes, est tout aussi parfumée. Celle au poulet et au bambou n'est servie que le mardi, tandis que celle au crabe est réservée au mercredi : un calendrier qui incite à revenir. Petit rappel : le phô s'appréciant dès le petit-déjeuner, on peut donc venir tôt !

INFOS PRATIQUES

- 4 rue Caillaux, 73013 Paris
- Métro : Maison Blanche
- Tlj. 9h30-17h
- Soupes 13,50-15,50 €

5 SÜPER

Y a-t-il un âge limite pour manger un bon kebab ? Certes, les étudiants, nombreux dans le quartier de la Pitié, sont des habitués de ce fast-food de qualité. Mais même si on a le double de leur âge, la broche de veau et dinde ou bien de poulet tournant lentement est hypnotisante… Entièrement préparée sur place, la viande marinée est grillée à point, remplissant un pain brioché abondamment fourré de crudités et de sauce (blanche à la menthe et au citron, au persil et au miel…). À table, place au kebab version assiette. Chou rouge, concombre et tomates au vinaigre de grenade et à la menthe, frites maison à la peau fine, sans oublier aubergines, courgettes et poivrons confits : un régal riche en légumes, goûts et épices !

INFOS PRATIQUES

- 101 boulevard de l'Hôpital, 75013 Paris
- Métro : Saint-Marcel
- Du lun. au sam. 11h-22h
- Sandwichs et frites à partir de 9,80 €, assiettes composées 17 €

6 CA PHÊ BROC OUEST

Restaurant ? Brocante ? Traiteur ? Tout à la fois ! Dans cette salle à manger aux murs bariolés, Marie Kecman reçoit comme chez elle. Elle propose sa version fraîche et très végétale des classiques vietnamiens (bò bún, soupe de nouilles, rouleaux de printemps) : coriandre, menthe, shiso, persil et pickles maison sont au rendez-vous ! Ornés de fleurs comestibles, de son jardin ou du commerce selon les saisons, ses rouleaux de printemps sont aussi jolis que bons, et le bò bún garanti sans nems, comme le veut la version originale. Près des toilettes, une grande affiche présentant fièrement Monsieur Quan, restaurateur, m'interpelle… Le fondateur du Drapeau de la fidélité, excellente cantine viet du 15e créée il y a plus de trente ans, est en effet le père de la cheffe : bon sang ne saurait mentir !

INFOS PRATIQUES

- 111 rue de l'Ouest, 75014 Paris
- Métro : Pernety
- Du mar. au sam. de 12h à 20h
- Rouleaux de printemps 14 €, bò bún et soupes de nouilles 15 €

7 LÀ-HAUT

Il fallait être une fille du quartier pour venir s'installer le long du métro aérien, sur le boulevard Vincent-Auriol. Ancienne de l'Arobase Café, Sarah-Lou Gervais a imaginé un lieu tout simple et tout pratique, qui sert petits déjeuners gourmands (salade de fruits au miel de châtaignier, cafés de chez Cusuaka) et mijote de délicieux déjeuners à base de légumes bios dans des cocottes en fonte. Des bols généreux pour un prix serré, offrant des mélanges de riz cambodgien et de riz complet italien, avec légumes rôtis, crus ou marinés (courgettes rôties, betterave et pomme, asperges...), à assortir d'une protéine (bœuf mijoté à la bière, dal de lentilles corail

ou fromage fermier). Une pomme au four pour terminer et hop, au boulot !

INFOS PRATIQUES

- 69 boulevard Vincent Auriol, 75013 Paris
- Métro : Chevaleret
- Du lun. au ven. 8h30-14h30
- Bol seul 12 €, formules 13,50-16 €
- Précommande possible www.cafe-la-haut.fr

8 MIKOPÜY

Derrière la façade bleu électrique, on est illico transporté dans une paillote au bord d'une plage de Margarita, la perle des Caraïbes. Ici règne l'« empanada operada », qui n'a rien à voir avec sa cousine argentine. Au Venezuela, les empanadas sont à base de farine de maïs et frites, à la façon des *arepas*, puis fendues et garnies comme des tacos mexicains. Cuites à la demande (attention aux odeurs de friture), croustillantes dehors et fondantes dedans, aux haricots noirs, porc effiloché, accompagnées de pickles de chou ou de bananes plantains rôties, elles offrent des mélanges savoureux et variés… à condition d'avoir du rab de serviettes sous la main, car les dégoulinades de sauce font partie du plaisir de la dégustation !

INFOS PRATIQUES

- 3 rue des Plantes, 75014 Paris
- Métro : Alésia
- Lun., mar., jeu. et ven. 12h-14h30, sam. et dim. 12h-15h30
- Duo d'empanadas 12,50 €, desserts 5 €

9 LE VAUDÉSIR

Façade rouge, moulures en stuc du début du siècle dernier, tables de bois avec sets de table en papier et verres Duralex : aucun doute, nous sommes dans un vrai bistrot. Côte à côte se restaurent les branchés de l'agence de com du coin, la voisine accoudée au comptoir avec son verre de blanc et les poireaux qui dépassent de son sac, et moi qui ait l'impression d'avoir voyagé dans le temps. Pas de burger, ici, mais un mur rempli de suggestions et de plats du jour préparés dans la minuscule cuisine par Michelle. Flanqués d'un généreux verre de beaujolais nouveau, les œufs mayo saupoudrés de persil déboulent dans leur assiette à fleurs. Le bœuf bourguignon aux pommes de terre est dans les clous, tandis que le chou farci peu gras mais juteux s'avère très goûteux. Tarte aux pommes ou crème brûlée ? Les deux s'il vous plaît, et puis encore un autre café (bio en plus !)... car on a du mal à décoller d'ici tant on s'y sent comme à la maison. Même les lieux d'aisances sont d'époque (toilettes à la turque dans la cour) !

INFOS PRATIQUES

- 41 rue Dareau, 75014 Paris
- Métro : Mouton-Duvernet
- Lun. 7h30-15h30, mar.-sam. 7h30-23h30
- Plats du jour 8,90 €, entrées 4-5 €, desserts dès 4 €
- Réservation possible

10 CHEZ VICTOR

Malgré son nom, ce n'est plus Victor qui œuvre ici, mais Camille Franck, cuisinière revenue de Barcelone pour défendre le bon manger à prix doux. Entre les cagettes de fruits et légumes bios, cultivés en France pour la plupart, on fait la queue pour choisir son menu, à consommer dans une petite salle ou à emporter au bureau dans des bocaux consignés. Sur les plateaux colorés défilent soupe de céleri ou gaspacho selon la saison, quiche ou plat du jour. Le riz noir sait ainsi se faire risotto aux légumes croquants, assaisonné de pesto maison. Ne pas rater les desserts, classiques et maîtrisés : mousse au chocolat, flan pâtissier, cookie ou carrot cake, il y en a pour tous les goûts !

INFOS PRATIQUES

- 73 rue Pernety, 75014 Paris
- Métro : Pernety
- Du mar. au ven. 10h-19h30 et sam. 10h-19h
- Menus de 12,50 à 18 €

11 TONKATSU TOMBO

Derrière la façade vert pomme de cette cantine proche de la gare Montparnasse se cache l'un des meilleurs tonkatsu de Paris. Le paradis pour amateurs de porc pané à la japonaise : ici, on a le choix du morceau, entre côte (fine et juteuse) et filet mignon (épais et plus sec). Une petite soupe de udon fait patienter avant l'objet du désir, prétranché sur une petite grille. Merveilleusement croustillant, juteux à souhait, ce tonkatsu frôle la perfection ! Servi avec chou rouge et blanc râpé fin, salade de pommes de terre dans la plus pure tradition japonaise et bol de riz, voilà un plateau repas roboratif et savoureux. L'adresse est prisée : réservation obligatoire ou patience requise.

INFOS PRATIQUES

- 14 rue de l'Arrivée, 75015 Paris
- Métro : Montparnasse
- Du lun. au sam. 12h-14h30 et 19h-22h
- Tonkatsu seul à partir de 13,50 €
- Réservation conseillée

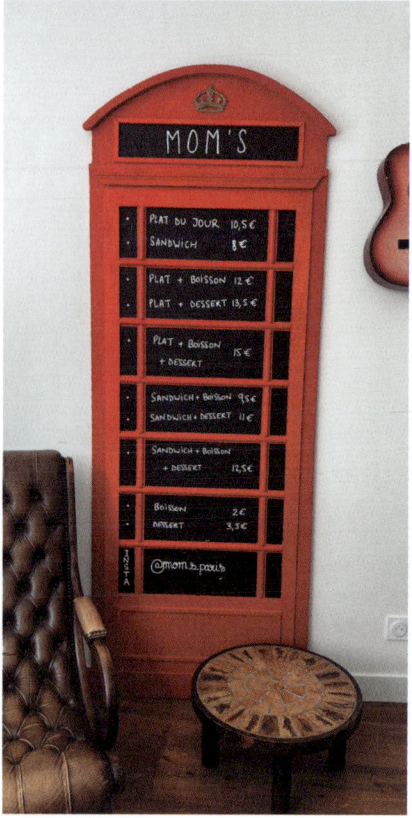

12 MOM'S

Une cabine téléphonique anglaise pour ardoise, les livres de cuisine familiaux sur une étagère et un comptoir à trois places derrière lequel David Minkley prépare un plat et un sandwich différent tous les jours. Plats mijotés en hiver et grosses salades-repas en été, ça donne ainsi des pommes de terre en salade avec pickles, tomates, concombre et pêche à l'effiloché de confit de canard maison. Juteux et craquant avec ses lanières de peau croustillante, ce petit plat simple avait tout d'un grand ! Pour la version végétarienne, les œufs mollets marinés à la sauce soja assurent aussi avec brio. Ne pas se priver de dessert : excellent carrot cake peu sucré et brownie aux noix bien cacaoté recommandés.

INFOS PRATIQUES

- 123 rue du Château, 75014 Paris
- Métro : Pernety
- Lun.-ven. 11h30-14h30
- Plat du jour 10,50 €, sandwich 8 €, formules 11-15 €

13 SHABESTAN GRENELLE

Banquettes moutarde et sièges turquoise, sol terrazzo, touches de cuivre et d'or : l'élégance du décor contraste avec la praticité de ce self iranien. Le long d'un comptoir, on fait glisser son plateau devant de grands plats de cuivre martelé regorgeant des délices du jour. Parmi une jolie sélection d'entrées, houmous au sumac, *mast o mosir* (yaourt à l'ail sauvage) et caviar d'aubergines aux oignons caramélisés séduisent par la finesse de leur assaisonnement. Difficile de choisir entre les plats en sauce, dont de replètes boulettes de viande aux champignons, et les brochettes tout juste grillées. Va pour un *zereshk polo* (poulet aux prunes avec du riz à l'épine-vinette, comme dans la BD de Marjane Satrapi), acidulé et fondant. Une introduction rapide et contemporaine aux plaisirs de la cuisine persane.

INFOS PRATIQUES

- 98 boulevard de Grenelle, 75015 Paris
- Métro : Dupleix, La Motte-Picquet-Grenelle
- Tlj. 12h-22h30
- Menu déj. 14-20 €, carte 30 € env.
- Réservation possible

14 MAISON AMBRE

Tout à la fois traiteur, restaurant et salon de thé, cette lumineuse maison célèbre l'art de vivre à la marocaine. On peut s'y restaurer d'un plat du jour (tajine de bœuf aux petits pois, brochettes d'agneau) ou craquer pour de fines pastillas croustillantes, aux épices bien dosées : cannelle pour celle au poulet, cumin dans celle au poisson. Impossible de résister aux desserts, avec les immanquables cornes de gazelle, mais aussi des *chebakia*, petites pâtisseries enrobées de miel et de sésame, particulièrement fraîches et croustillantes, et des *ghriba*, sablés craquelés tout fondants. Un assortiment s'impose pour le goûter, à savourer avec un thé à la menthe servi dans les règles de l'art.

INFOS PRATIQUES

- 8 boulevard Pasteur, 75015 Paris
- Métro : Pasteur
- Du lun. au sam. 11h30-22h, dim. 11h30-18h
- Formules déj. 8,90-11,90 €, plat du jour 14,90 € pastilla 8,90 €, goûter 6,50 €

15 MARWA

Je meurs de faim après avoir fait la queue aux objets trouvés, à la recherche d'un panier bêtement égaré. Chou blanc, bien sûr… mais pas complètement : à deux pas de la porte de Versailles, je trouve le réconfort nécessaire dans ce snack libanais qui ne paie pas de mine. Ici, depuis vingt ans, le souriant Patrick régale les riverains du parc Georges-Brassens avec ses *falafels* à la texture dense, ses *kibbés* (boulettes de boulgour à la viande) délicats, ses *fatayers* (chaussons aux blettes) acidulés, son *tsatsiki* bien marqué en aneth et vinaigre, et son *mouttabal* (caviar d'aubergines) subtilement fumé. Demandez du rab de *toum* : cette crème d'ail confite est ici à déguster (presque) à la petite cuillère.

INFOS PRATIQUES

- 55 rue de Dantzig, 75015 Paris
- Métro : Convention, Porte-de-Versailles
- Tlj. 11h-21h
- Sandwichs à partir de 6,90 €, assiettes de mezzés 13,90 €

16 MISU

Tout de beige et de bleu revêtu, ce discret cocon respire le calme. Au menu, bien plus que les bibimbap traditionnels, mais des plateaux composés autour d'un plat, de riz et de cinq mini-garnitures. Une structure de repas pensée en hommage au *bansang*, table dressée traditionnellement pour le roi et la noblesse à l'époque Joseon (1392-1910). Ainsi, ma marmite de poulet braisé à la sauce soja (*dak jjim bansang*) recèle-t-elle une surprise à chaque bouchée. Escortée d'un peu de kimchi, d'une omelette délicate, de tofu frit et d'épinards au sésame, elle confirme la délicatesse de cette adresse idéale pour (re) découvrir la cuisine coréenne.

INFOS PRATIQUES

- 8 bis rue Falguière, 75015 Paris
- Métro : Falguière
- Du lun. au sam. 12h-14h et 18h-22h
- Plats 17-22 €, formule déj. 20 €
- Réservation possible

17 LA MIRABELLE

Difficile de louper cette façade rouge cinabre affichant fièrement ses spécialités alsaciennes. Simon Brunschweiler, natif d'un village près de Wissenbourg, a roulé sa bosse en Angleterre et dans les brasseries avant de s'installer ici. Installée à une table de bois ciré de cette auberge hors du temps qui embaume le lard grillé, j'hésite : ma tarte flambée, avec ou sans munster ? Option champignons ou comté gratiné ? Va pour la traditionnelle, soit oignons, lard et *schmeer* (mélange de crème, fromage blanc et poivre) comme on dit en alsacien. La pâte fine et croustillante déboule rapidement sur sa planche en bois déjà prédécoupée pour mieux la partager. Même plaisir avec une version sucrée aux pommes superbement caramélisée…

INFOS PRATIQUES

- 77 rue Brancion, 75015 Paris
- Métro : Porte de Vanves
- Du mer. au sam. de 12h-14h et 19h-20h30
- Flammekueche salée 11,90 €-15,90 €, sucrée 11,90-13,90 €
- Réservation possible

18 MAISON BELLEGUIC

Perchée sur un tabouret au comptoir en plein cœur du marché couvert de Passy, la vue est imprenable sur les billigs de Françoise Bonnet, sur lesquels sa famille fait des crêpes à Paris depuis 1930. À ses côtés, une stagiaire apprend à tourner les galettes au sarrasin bio et à griller l'andouille de Guéméné avant d'en garnir les galettes. Car la maison est aussi une école de formation. Craquante au bord, moelleuse au milieu, généreusement garnie avec son œuf coulant, ma complète est parfaite, et la crêpe beurre-sucre qui suit, à la cassonade plutôt qu'au sucre blanc, a un sacré parfum de rhum. Je finis ma bolée de cidre fermier, rassasiée et ravie d'avoir bénéficié d'une leçon de cuisine gratos.

INFOS PRATIQUES

- Marché de Passy, 1 rue Bois-le-Vent, 75016 Paris
- Métro : La Muette ; RER : Boulainvilliers
- Du mar. au sam. 9h-19h, dim. 9h-13h
- Formule déj. 17 €, carte 15-20 €

19 DONG NÉ

Une petite devanture blanche, quelques tables de bois clair et une ambiance cosy à souhait : vite, j'attrape la dernière place au comptoir de ce restaurant coréen ! À gauche, ma voisine lit Mona Chollet en mangeant un appétissant poulet frit ; à droite, mon voisin cravaté se délecte d'une marmite de nouilles nageant dans un bouillon corsé.
Mes *kimmali*, rouleaux d'algues frits et fourrés de nouilles de patate douce, croustillants et moelleux, donnent envie d'en manger douze au lieu de trois... Arrive ensuite un grand rouleau de *kimbap*, version coréenne XXL du futomaki japonais, garni de légumes (carottes, concombre, radis blanc) et de bœuf. Ce festin à petit prix finit par une poêlée de *tteokbokki*, pâtes de riz épaisses et cylindriques dans une sauce tomate pimentée qui réchauffe la langue et le cœur.

INFOS PRATIQUES

- 15 rue Violet, 75015 Paris
- Métro : Dupleix, la Motte-Picquet-Grenelle
- Du lun. au ven. 12h-16h et 18h-22h, sam. et dim. 12h-17h et 18h-22h
- Menus déj. 15 € à 21 €, à la carte 25 €

20 FEEL LING

Il y a la queue devant ce modeste restaurant, où les habitués défilent pour prendre un bò bún ou un pad thaï. Sophie Ya, la maîtresse des lieux, est d'origine cantonaise, mais a choisi de ne pas bousculer les habitudes du cuisinier thaï qui l'a précédée. Même si ces spécialités d'Asie du Sud-Est ont l'air fort bonnes, je préfère goûter les spécialités chinoises au menu du jour : la poitrine de porc mijotée à la pâte de soja fermentée est particulièrement fondante et parfumée, et la délicatesse du poulet caramélisé au dosage parfait de sauce soja est une heureuse surprise. Le soir, la cheffe pratique une cuisine plus cantonaise, inspirée des recettes de sa grand-mère.

INFOS PRATIQUES

- 24 rue Lauriston, 75016 Paris
- Métro : Kléber
- Du lun. au ven. 11h30-14h30 et du mar. au sam. 19h-22h
- Menus 12,50 à 14,50 €

JUSTEMENT BON

Pour faire rimer engagé, bien-manger et accessibilité, ces tables-là mettent le paquet. Un menu ambitieux qu'on soutient à fond la fourchette, parce que la cuisine, c'est encore meilleur quand elle a du cœur.

1000 & 1 SIGNES

Le calme régnant dans ce resto joliment décoré de zelliges émeraude étonne. Mais les trois mains de Fatma colorées de son enseigne ne sont pas un hasard : si l'on se régale ici de cuisine marocaine, on le fait... en langue des signes, puisque tout le personnel employé est sourd. Pour commander, c'est facile, chaque plat possédant son propre signe. Au besoin, une ardoise est toujours à portée de main. Avant le couscous, place aux kémias : *zaalouk* (caviar d'aubergines) et brick au thon donnent le la. Les grandes assiettes de couscous ne tardent pas – la rapidité du service a du bon. Légumes mijotés, boulettes de bœuf, merguez : à chacun son style. On peut même choisir une semoule sans gluten ! Une adresse au cœur sur la main.

INFOS PRATIQUES

• 76 rue de Charonne, 75011 Paris
• Métro : Charonne, Ledru-Rollin
• Du mar. au sam. 12h-14h30 et 19h-22h
• Couscous 10-14 €, formules 16-20 €

LA RÉSIDENCE DE REFUGEE FOOD

Depuis 2016, le Refugee Food fait découvrir la cuisine des personnes réfugiées en collaborant avec des chefs de renom lors d'un festival. Si l'événement a toujours lieu autour du 20 juin, Journée mondiale des réfugiés, c'est toute l'année que ces chefs venus d'ailleurs – et qui ne l'étaient pas toujours dans leur pays d'origine – partagent leur cuisine parmi les nombreux stands installés à Ground Control. Tremplin pour leur talent, le but de ce restaurant est aussi, grâce à l'assistance de cuisiniers chevronnés, de leur permettre de voler de leurs propres ailes et d'ouvrir leur établissement. En tant que restaurant d'insertion, les cuisiniers aux manettes changent régulièrement, faisant découvrir plats syriens, afghans, niégérians et de bien d'autres pays. Tous les bénéfices du resto vont à l'asso : une bonne raison pour y revenir fréquemment !

INFOS PRATIQUES

• 81 rue du Charolais, 75012 Paris
• Métro : Gare de Lyon, Reuilly-Diderot
• Du mer. au sam. 12h-14h30 et 19h-22h30, dim. 12h-15h • Carte 15-20 €

La Résidence du Refugee Food

La Cantine des Arbuste

LA CANTINE DES ARBUSTES

Ça s'agite au rez-de-chaussée de cet immeuble seventies pour accéder à cette cantine aux tons acidulés. Mise en place par l'équipe du Refugee Food, elle sert tout le monde : riverains, étudiants et bénéficiaires de l'aide alimentaire, résidents du foyer de travailleurs migrants situé juste au-dessus, les prix étant adaptés à la situation de chacun. Aux fourneaux, la brigade se compose de cuisiniers en insertion et de bénévoles. Sur notre plateau de self, après avoir fait la queue : mafé végétarien aux aubergines et au gombo, domoda (boulettes de chinchard en sauce tomate et tamarin, un régal), poulet au nokoss et citron… Un festin de couleurs et d'épices varié et gourmand, à savourer à de grandes tables communes.

INFOS PRATIQUES

• 5 rue des Arbustes, 75014 Paris
• Métro : Porte de Vanves
• Du lun. au ven. 12h-16h. • Plats 8-10,40 €, supplément poisson ou viande 3 €

CHEZ ERNEST

Depuis 2015, l'association Ernest œuvre à réunir gastronomie et aide alimentaire. Un déjeuner ou un dîner pris dans ce restaurant ouvert en octobre 2023 finance l'un des cinq cents repas préparés chaque semaine par des bénévoles grâce à des produits essentiellement locaux, puis distribués en maraude. Le menu du déjeuner change tous les jours : délicieux tarama où plonger brocoli croquant doré au chalumeau ; porc pané servi avec un original ketchup maison à la betterave et une salade de fenouil, c'est créatif et savoureux. Nos cuillères ont même ferraillé au-dessus d'une tendre poire pochée posée sur un lit de crème anglaise à la lavande et de crumble croustillant ! Le soir, c'est assiettes à partager et pizzettes à prix doux, escortées d'une jolie sélection de vins nature. Un restaurant qui restaure tout le monde, réunissant le bon et le bien.

INFOS PRATIQUES

• 4 impasse de Joinville, 75019 Paris
• Métro : Crimée
• Mar.-sam. 9h-0h, dim.-lun. 9h-17h • Menu déj. 16-19 €, soir 20-30 € • Réservation possible

LES MARMITES VOLANTES

Depuis dix ans, ces marmites-là sont remplies de bons produits de saison, locaux et très souvent bio. Une cantine sans chichi où la simplicité va de pair avec le bon goût : les tapenades d'amandes et d'olives me permettent de patienter. Le parmentier d'agneau aux patates douces est délicieux, et l'assiette végétarienne généreuse : taboulé de quinoa aux fruits secs bien assaisonné, falafels au four, salades d'hiver et gratin de butternut façon gratin dauphinois. Il y a autant de couleurs que de saveurs.

INFOS PRATIQUES

• 69 rue Armand-Carrel, 75019 Paris • Métro : Bolivar, Stalingrad
• Du lun. au ven. 12h-14h • Plats 11,50-13 €, formules 14,50-18,50 €

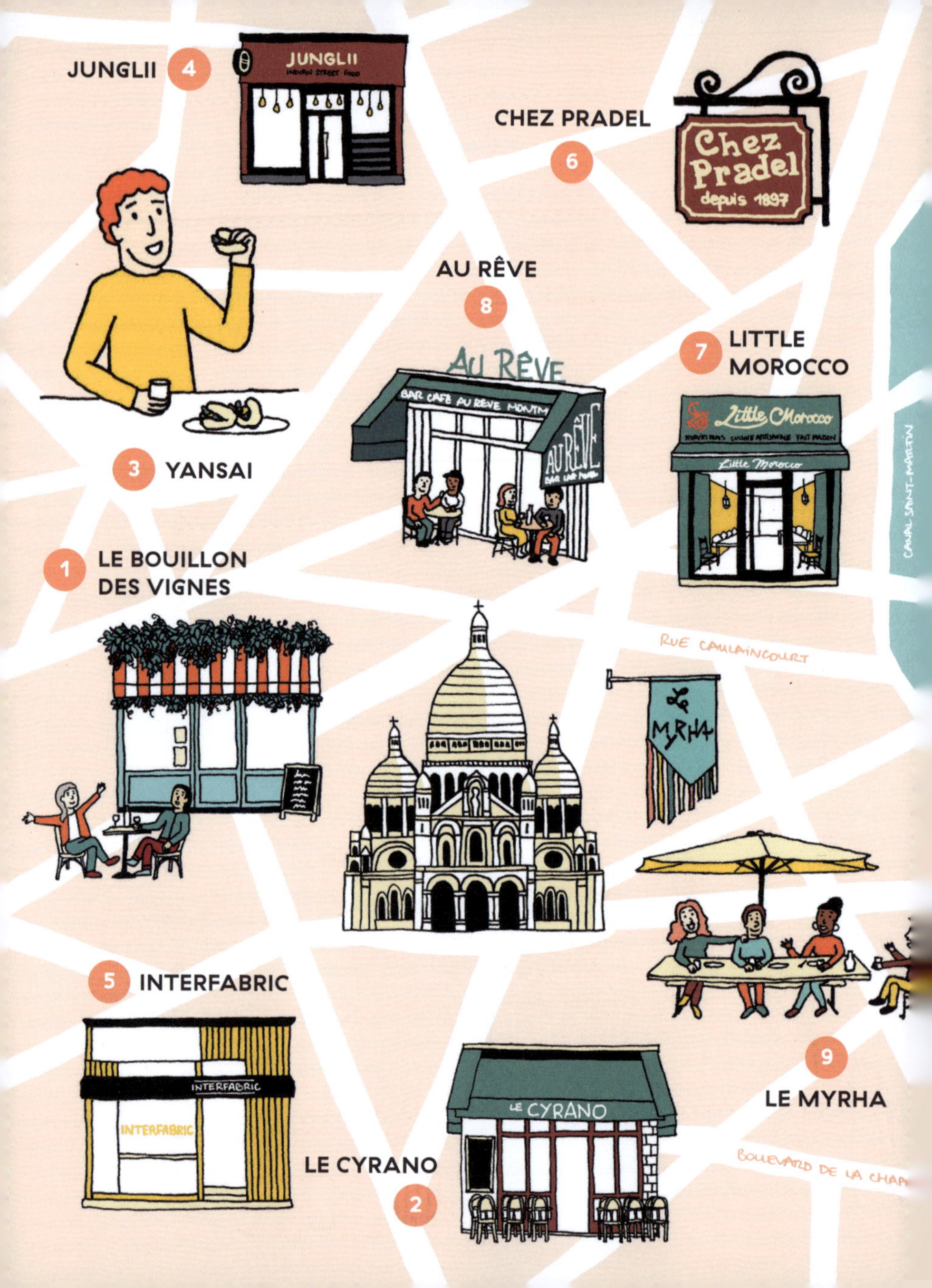
JUNGLII
4
JUNGLII
CHEZ PRADEL
6
Chez Pradel depuis 1897
AU RÊVE
8
7
LITTLE MOROCCO
AU RÊVE
BAR CAFÉ AU RÊVE MONTM
AU RÊVE
Little Morocco
Little Morocco
3
YANSAI
1
LE BOUILLON DES VIGNES
CANAL SAINT-MARTIN
RUE CAULAINCOURT
MYRHA
5
INTERFABRIC
INTERFABRIC
INTERFABRIC
9
LE MYRHA
LE CYRANO
LE CYRANO
BOULEVARD DE LA CHAP
2

DU 17e AU 20e
ARRONDISSEMENT
BASSIN DE LA VILLETTE
DE LA LOIRE
AVENUE JEAN JAURÈS
RUE DE CRIMÉE
10 ELMA ET NAR
BISTRO BOTZA 11
13 TOP KNOT
GOD BLESS BROCCOLI
20 GOD BLESS BROCCOLI
PHO HANOI
RESTAURANT VIETNAMIEN
19 PHO HANOI
ROULEAU DE PRINTEMPS
RESTAURANT VIETNAMIEN
16 AU ROULEAU DE PRINTEMPS
12 LE MERCURE
Le Mercure
15 ROND
BECQUETANCE
17
RUE DES PYRÉNÉES
14 MONIQUE ET MYRTILLE
LOU TIAP 18
Lou Tiap

DU 17e AU 20e ARRONDISSEMENT

Des Batignolles au Père-Lachaise, ça en fait des kilomètres à engloutir. Heureusement, sur la route, il y a de quoi se régaler avec le sourire !

1 LE BOUILLON DES VIGNES

De la taille d'un petit bistrot, cet établissement, couvert de fausses vignes et à la déco vintage, boxe dans la catégorie prix mini, carte tradi et sans chichis. En grande tablée ou en solo, on partage des frites (parfaites) et de la salade verte, qui escortent poulet grillé, saucisse maison à l'épinard et à l'emmental ou tartare de bœuf. Tous ces plats sont agrémentés d'une touche dont le chef Wim Van Gorp a le secret : jaune d'œuf confit et œufs de hareng pour la viande crue, condiment aux câpres et citron pour la volaille. Avant ça, céleri rémoulade, rehaussé de poire à la douceur bienvenue, et poireaux dans une revigorante sauce gingembre-romarin, parfait pour ouvrir l'appétit. En prime, service efficace et souriant.

INFOS PRATIQUES

- 45 rue des Moines, 75017 Paris
- Métro : Brochant
- Du lun. au ven. 11h30-15h et 17h45-22h30, sam. 11h30-22h30, dim. 11h30-16h
- Entrées 3,50-7 €, plats 11-14 €, desserts 4-6 € env.
- Réservation conseillée

2 LE CYRANO

Avec son comptoir en zinc, ces mosaïques dorées et ses fresques d'avant-guerre où figure le héros d'Edmond Rostand, ce Cyrano créé en 1854 ne manque pas de panache ! Charleyne Valet dresse ses délicieuses assiettes derrière le comptoir, où l'on peut même déjeuner pour quelques euros de moins. Les poireaux vinaigrette sont habilement entourés d'algues nori pour composer une délicieuse mosaïque coiffée d'un jaune d'œuf confit et sont relevés d'une vinaigrette à la noisette, tandis que la saucisse-purée aux pickles de moutarde joue le terroir sans balourdise grassouillette. On apprécie aussi le nombre de plats mettant à l'honneur les végétaux, comme cette exquise blanquette de légumes au riz noir croquant… et si on est pressé, le bun de saison permet de manger sur le pouce.

INFOS PRATIQUES

- 3 rue Biot, 75017 Paris
- Métro : Place-de-Clichy
- Tlj. 12h-14h30 et 19h-22h30
- Formules déj. 21-25 € en salle, 20-23,50 € au comptoir, bun 10 €
- Réservation possible

3 YANSAI

Lattes de bois aux murs et bancs accueillants, bienvenue dans cette cantine de melting-popote d'inspiration asiatique efficace et goûteuse. On peut y savourer un plat (curry japonais, bap coréen, bò bún vietnamien) ou partager les petits plats façon tapas. Mention bien pour les guabaos, petits pains vapeur fourrés au porc ou au poisson pané, ainsi que pour le poulet frit d'inspiration nippone. Mention très bien pour les tsukune (boulettes de poulet cuites à la vapeur puis frites, nappées d'une sauce sucrée) et le hulou (riz au porc mijoté taïwanais). À souligner : l'excellent choix de boissons chaudes, dont le thé rouge du Yunnan, ainsi que la rapidité et gentillesse du service.

INFOS PRATIQUES

- 47 rue des Moines, 75017 Paris
- Métro : Brochant
- Du mar. au dim. 12h-14h30 et 19h-22h
- Menu déj. 16-18 €, plats 12,50-14,50 €, guabao 13 € par deux, tapas de 4 à 15 €
- Autre adresse : 88 rue des Gravilliers (75003)

4 JUNGLII

Dans le quartier des Épinettes, ce petit restaurant indien à la déco luxuriante, avec plantes vertes suspendues et motifs de chimpanzés facétieux sur les murs, se joue des clichés. Les currys se transforment en copieux bols garnis de riz, légumes crus, chutneys acidulés ou piquants, herbes et fruits frais. Une touche de modernité qui fait toute la différence, avec des épices fraîchement torréfiées et moulues en cuisine. Le Bombay *bowl* reste le plus réclamé, et à raison. Composé autour du *butter chicken*, escorté de concombre, chou rouge et chutney de tamarin, il réussit à être parfumé et épicé sans faire cracher de flammes. Lentilles ou *paneer* – un fromage frais et végétarien –, les végés ont aussi du choix.

INFOS PRATIQUES

- 78 rue de la Jonquière, 75017 Paris
- Métro : Guy-Môquet
- Du mar au sam. 12h-14h30 et 18h-22h
- Bowls 14-16 €, naans 4-4,90 €
- Autre adresse : 12 rue de Paradis (75010)

glii

5 INTERFABRIC

Deux entrées, deux plats du jour, deux sandwichs mais trois desserts : la carte courte de cette cantine des Batignolles qui embaume la cuisine de saison mijotée fait envie. La faute aux boulettes de bœuf à la sauce tomate délicatement épicée et au dhal de lentilles corail aux artichauts et aux petits pois printaniers original et bien troussé. Avant, il y a eu le saucisson brioché ou le tarama maison. Et pour suivre, une exquise mousse au chocolat, caramel beurre salé et sarrasin soufflé... Pressé ? Vive le bun extra-moelleux, toasté et garni de mozzarella frite, de carottes marinées et de salade bien fraîche, plus facile à manger sur un banc, à côté de Sainte-Marie des Batignolles.

INFOS PRATIQUES

- 44 rue Legendre, 75017 Paris
- Métro : Villiers, Pont-Cardinet
- Du lun. au ven. 12h-14h30
- Formules 19-22 €

6 CHEZ PRADEL

Dès l'accueil – adorable malgré l'affluence –, je flaire la pépite. Ouvert depuis 1897 – diantre ! – , ce rade a été repris il y a huit ans, avec l'envie de faire bon, maison, à prix doux. J'attaque par des beignets de tomate aux accents grecs (origan, feta, tout y est !) et je poursuis avec une bavette-frites à donner en exemple dans les écoles hôtelières. Viande fondante marquée au gril et frites de compétition dont la fraîcheur ne ment pas : 175 kilos de patates y passent chaque semaine ! Une crème brûlée plus tard, me voilà prête à aller manifester pour un Pradel à chaque coin de rue. Une formule magique qu'aucune école de commerce au monde ne peut réussir à inculquer...

INFOS PRATIQUES

- 168 rue Ordener, 75018 Paris
- Métro : Lamarck-Caulaincourt
- Du mar. au sam. 8h-23h
- Menu déj. 15 et 18 €, carte 25-30 € env.
- Réservation conseillée
- Autre adresse : 3 rue du Pasteur-Wagner (75011)

7 LITTLE MOROCCO

Murs bleu Majorelle, tabourets bas et comptoir appétissant débordant de pâtisseries miellées à souhait : amateurs de cuisine marocaine traditionnelle, venez ici vous régaler ! Si à l'heure du déjeuner on peut vite fait embarquer un batbout – petit pain moelleux et délicieux – farci ici au poulet et aux olives, mieux vaut prendre le temps de s'attabler pour profiter des remarquables plats traditionnels. Du couscous végé aux raisins secs caramélisés en passant par le tajine de veau aux légumes compotés, sans oublier la pastilla de poulet croustillante, parfumée à la cannelle, tout est subtilement assaisonné et préparé avec amour. Attention à l'affluence, mais la qualité et la générosité de l'assiette rendent patient...

INFOS PRATIQUES

- 119 rue Ordener, 75018 Paris
- Métro : Jules-Joffrin
- Du mar. au sam. 12h-14h30 et 19h-23h
- Couscous de 16-19 €, tajine poulet 18-19 €, pastilla 20 €

8 AU RÊVE

Ce bistrot historique de Montmartre, ouvert en 1921, a subi quelques avanies avant d'être récemment rouvert et réaménagé par les architectes Clémentine Larroumet et Antoine Ricardou, qui font à nouveau briller son enseigne bleu fluo jusqu'à tard dans la nuit. La formule déjeuner, qui change tous les jours, comble vite la salle. Mille-feuille de betterave et fromage frais (crémeux et d'un rose revigorant) ou fondue de poireaux à la Morteau (pour changer du poireau-vinaigrette) sont vite envoyés avec le sourire par Sylvie, véritable Shiva du service. À suivre, un poulet tandoori ou un risotto aux champignons, qui s'éloignent du répertoire bistrotier sans déroger à la fraîcheur. Du réconfort dans le cœur et dans l'assiette.

INFOS PRATIQUES

- 89 rue de Caulaincourt, 75018 Paris
- Métro : Lamarck-Caulaincourt
- Du lun. au sam. 8h-2h, dim. 9h-17h
- Formule midi 17-21 €, formule soir 40 € env.
- Réservation conseillée

9 LE MYRHA

Déco de bric et de broc, ambiance de self quasi hippie… mais à la différence de bien des réfectoires, ici, tout est bio, et garanti 100 % végétal. Dans ma grande assiette Duralex transparente, riz complet, lentilles corail au curry, courgettes, poireaux, potimarron au sésame et pommes de terre sont couronnés d'une délicieuse sauce aux herbes. Falafels et soupe de patate douce étaient aussi de la partie ! Ne pas rater les desserts, savoureusement travaillés, comme le muffin à la banane et à la cannelle ou la pomme au four au caramel, un classique de saison. Bon point pour le café et les limonades aux fruits, à disposition dans de jolies bouteilles.

INFOS PRATIQUES

- 70 rue Myrha, 75018 Paris
- Métro : Château-Rouge, Barbès
- Tlj. 12h-22h30
- Formule déjeuner 16 €

10 ELMA ET NAR

Pomme et grenade : les deux symboles de la gastronomie turque sont réunis dans ce restaurant de poche carrelé de blanc et de bleu. Dans le bol tout frais du jour, caviar de poivrons aux noix ou crème de concombre au yaourt se dégustent avec les salades de saison avec du moelleux pain *pide*, tandis que les *börek* (feuilletés au persil et fromage frais) faits maison sont idéalement croustillants. L'accueil et le service ? Aussi délicieux que les cookies au chocolat et tahini, dont je rêve désormais d'avoir la recette… Une fois par mois, on y brunche superbement bien, sur réservation.

INFOS PRATIQUES

- 45 avenue Secrétan, 75019 Paris
- Métro : Bolivar
- Du mar. au ven. 12h-15h, brunch un samedi par mois
- Formules 10,50-15,50 €

11 BISTRO BOTZA

Toute pimpante avec ses stores verts à la sortie du métro, cette brasserie de quartier a le mérite de rester simple, bonne et accessible, avec des plats pour tous les goûts, de la salade César à l'indétrônable burger en passant par le croque. On n'en demande pas plus à ce genre d'établissement sans prétention ! Pour les tenants de classiques bistrotiers, les œufs mayo y sont généreux et moutardés, et la bavette saignante avec des frites croustillantes. À la table d'à côté, un grand-père se régale d'un tartare, tandis que son petit-fiston met de côté les trottoirs de sa pizza plutôt bien garnie. Je repère alors le four à pizza rutilant derrière le comptoir : une idée bienvenue dans ce bout des Buttes-Chaumont en manque de pizzerias !

INFOS PRATIQUES

- 86 rue Botzaris, 75019 Paris
- Métro : Botzaris
- Tlj. 8h-1h, service continu 12h-23h
- Menus déj. 17-20 €, pizzas 12-18 €, carte 30 €
- Réservation possible

12 LE MERCURE

Est-ce un restaurant ou une machine à remonter le temps ? À peine la façade de bois de ce bar-pizzeria franchie, me voilà projetée au cœur des années 1990… C'était l'époque où Kamel Bouzid, né à Alger, comme en attestent les cartes postales pastel aux murs, avait fait de son rade un lieu éclectique où se côtoyaient dans une ambiance unique Stephan Eicher, Manu Chao, petites frappes du quartier, rugbymen du coin et voisins bénévoles d'AIDES. À 75 ans, Kamel continue d'y proposer un plat du jour (généreux filet mignon sauce au poivre et délicieuses pommes de terre sautées) et des pizzas. Pâte maison, texture croustillante avec touche d'huile d'olive et graines de sésame, elles ne ressemblent à aucune autre ! Le sourire de Kamel et la déco unique en son genre (jusqu'aux toilettes) font toujours honneur à l'esprit du lieu, vibrant encore de tous les bons moments passés ici. Chef d'œuvre d'hospitalité en péril !

INFOS PRATIQUES

- 84 rue Pixérécourt, 75020 Paris
- Métro : Télégraphe
- Du lun. au ven. 12h-14h30 et 17h30-2h, sam. 17h30-2h
- Plat du jour 12 €, pizza 10-14 €

13 TOP KNOT

Déformation professionnelle oblige, je finis par avoir un peu de brioche… et les apprécier particulièrement, comme dans ce coffee shop coquet et cosy de Belleville, où Jennifer Campbell la décline salée ou sucrée, beurrée à souhait ou façon gua bao asiatique, cuite à la vapeur. Du petit déjeuner au brunch du week-end, en passant par le déjeuner, il y en a pour tous les goûts. Si le roulé à la cannelle et les pancakes s'imposent le matin, la pause méridienne se savoure avec une briochette garnie de *pulled pork* effiloché savoureux et une séduisante version fourme d'Ambert-poire-poireau servie avec un velouté de champignons et une salade verte croquante. Le tout arrosé d'un excellent chaï ou d'un café filtre réalisé dans les règles de l'art !

INFOS PRATIQUES

- 6 rue Mélingue, 75019 Paris
- Métro : Pyrénées
- Du mar. au ven. 9h-17h30, sam. et dim. 10h-17h30
- Formules de 11 à 19,50 €, brunch week-end 26 €

14 MONIQUE ET MYRTILLE

Derrière sa devanture bleu outremer, ce coquet salon de thé fait le plein : tout le quartier Pelleport y défile pour déjeuner sur place ou à emporter. Ça dépote de bons petits plats frais, de saison, réalisés avec un maximum de produits achetés en direct aux producteurs : effiloché de poulet à la cardamome et au chou rôti, œuf cocotte au chorizo sont servis dans des assiettes chinées dépareillées. Mention spéciale pour l'exceptionnelle *tortilla de patatas* – à se croire en Espagne dès la première bouchée – et pour les desserts gourmands, comme ce mini-mont-blanc réconfortant et cette madeleine toute dorée. Mieux vaut donc réserver si on veut déguster à table les petits plats d'Audrey Duguine et les redoutables desserts de la pâtissière Mathilde Véol. Une petite restauration qui a tout d'une grande.

INFOS PRATIQUES

- 83 rue Orfila, 75020 Paris
- Métro : Gambetta
- Du lun. au ven. 9h-18h
- Formule déj. 15-19 €, goûters et petits déj. à partir de 3,90 €

15 ROND

Il n'y a pas que les Bretons qui ont des chapeaux ronds ! Car dans une jolie ambiance de bistrot de bric et de broc, à la vaisselle et aux accessoires joliment chinés, ce rond-là louche plutôt du côté de la Normandie et du Perche, coins d'où provient le sarrasin utilisé pour les bonnes galettes bien beurrées. Même si la Bizou au chèvre et miel ainsi que la Bretoncelles à l'andouille me font réviser ma géographie percheronne, c'est évidemment à la complète que je cède, comprise dans le menu à prix plancher. Elle est juste parfaite, et j'ai bien fait de prendre en sus un bol de salade moutardée, relevée de graines de sarrasin grillé. Après une crêpe au caramel au beurre salé maison moelleuse à souhait et un verre de vin nature (jolie sélection bien ficelée comme les cidres), tout roule ! « De très bons produits auquel nous ajoutons de la désinvolture », comme le dit avec grâce Tim, le patron.

INFOS PRATIQUES

- 21 rue du Transvaal, 75020 Paris
- Métro : Pyrénées, Couronnes
- Du mer. au sam. 12h-22h30, dim. 12h-16h
- Formule 10 € (complète ou chèvre miel et crêpe dessert simple), carte 20 € env.

16 AU ROULEAU DE PRINTEMPS

Institution bellevilloise de la cuisine vietnamienne, seule sa terrasse qui s'étale de plus en plus souligne le temps qui passe… Avec ses horaires larges, le lieu ne désemplit pas, certes parce qu'il est difficile d'y dépenser plus de 15 euros, mais surtout parce que c'est bon. Le rouleau de printemps bien garni de salade, vermicelles, crevettes et juste ce qu'il faut de menthe fraîche s'impose, avant que ne déboulent les « crevettes farcies » (galettes dorées fourrées de porc haché, crevettes et petits pois), le riz gluant parfait, les galettes à la ciboulette crousti-fondantes, le bò bún généreux aux nems végétariens croquants… De quoi faire un festin pour trois fois rien.

INFOS PRATIQUES

- 42 rue de Tourtilles, 75020 Paris
- Métro : Belleville
- Tlj. 11h30-15h30 et 19h-23h
- Carte, 15 € env.

17 BECQUETANCE

Anastasia Rohaut, architecte de formation, s'est occupé de la décoration intérieure de ce chaleureux bistrot tout en bois blond. Aujourd'hui, elle œuvre discrètement depuis sa cuisine vitrée. Elle a autant le sens des couleurs que des goûts, jusque dans sa formule déjeuner à prix plancher servie avec sourire et gentillesse. La salade de chou rouge d'un violet exubérant, généreusement vinaigrée et posée sur une jolie assiette en grès *made in* 20e arrondissement, est suivie d'une super saucisse-purée réinventée. Hachée fin et légèrement relevée de citronnelle et de piment, la viande s'accompagne d'une fine purée de carottes poivrée et d'une salade de cerfeuil. La formule fait salle comble, mieux vaut réserver ! Bonne nouvelle : on peut aussi s'y installer dès le matin, et s'y attarder tard le soir…

INFOS PRATIQUES

- 67 rue de Ménilmontant, 75020 Paris
- Métro : Ménilmontant
- Du lun. au ven. 9h-15h et 19h-0h
- Formules déj. 20-24 €
- Réservation conseillée

18 LOU TIAP

L'excellence du cassoulet à la toulousaine servi dans cette auberge tenue par Anne et Olivier mérite de traverser la capitale. Mais les meilleurs ambassadeurs de la cuisine gasconne à Paris proposent aussi une fantastique formule déjeuner, à base de produits du Sud-Ouest achetés en direct aux producteurs : ici, on ne rigole pas avec le confit, car les canards arrivent entiers. Du foie gras mi-cuit jusqu'au poitrail laqué au miel et au gingembre en passant par le carré d'agneau ou le jambon de canard et la salade de lentilles, c'est un sans-faute. Les premiers vendredis et samedis midi du mois, place aux frites à la graisse de canard : une raison de plus d'aller leur rendre visite.

INFOS PRATIQUES

- 81 rue de Bagnolet, 75020 Paris
- Métro : Buzenval, Alexandre-Dumas, Gambetta
- Mar.-jeu. 12h-14h et 19h30-21h30, mer. 19h30-21h30, ven.-sam. 12h-14h et 19h30-22h
- Déj. 20-25 €, dîner 30-41 €
- Réservation indispensable

19 PHO HANOI

À deux pas des tours de la place des Fêtes, cette cantine aux murs bleu vif et aux nappes en papier mérite que les amateurs de phô s'y attablent...et convertira ceux qui connaissent mal cette spécialité ! Après quatre nems (croustillants et bien roulés), un grand bol blanc débarque : nouilles de riz pas trop cuites, lamelles de bœuf cru juste chauffées par le bouillon, boulettes de bœuf parfumées, bouillon transparent délicat, à garnir comme on le souhaite de pousses de soja, d'herbes (basilic thaï et ngò gai, dite aussi « coriandre longue ») et de l'indispensable jus de citron final. Idéal pour se réchauffer par temps hivernal ! Pas de carte bleue, des toilettes dans la cour : cela ne m'empêchera pas de revenir goûter leur bò bún.

INFOS PRATIQUES

- 83 rue Pixérécourt, 75020 Paris
- Métro : Place des Fêtes
- Du jeu. au mar. 12h-14h30 et 19h-22h30
- Menu déj. 16 €

20 GOD BLESS BROCCOLI

Pas de faute d'orthographe sur l'enseigne de cette pizzeria atypique : si « broccoli » s'y écrit avec deux C, c'est que l'on est sur ses terres d'origine, à savoir le sud de l'Italie. Natif de Calabre, Giuseppe Romani élabore tous les jours sa base avec des farines semi-complètes bio et du levain de seigle, pour des pizzas fines et croquantes. La star : une *calzone* aussi originale que savoureuse, où brocolis grillés, mozzarella, olives et basilic s'associent avec une touche enjôleuse d'huile d'olive à la bergamote. Produits de qualité et humour sont au rendez-vous : la *Vivaldi was a Rolling Stone* réunit artichaut et saucisson piquant, et l'*Artichaut must go on* fait la part belle aux champignons, au speck et à l'artichaut sur crème fraîche. Le tout arrosé de vins nature.

INFOS PRATIQUES

- 54 rue Piat, 75020 Paris
- Métro : Pyrénées
- Du mar. au dim. 12h-14h30 et 19h-22h30 (23h30 les ven. et sam.)
- Pizzas 10-17 €
- Réservation conseillée

VENI, VIDI, VEGGIE

Légumineuses, tofu, céréales, légumes, seitan, fruits, épices : et si on arrêtait de définir la cuisine végétarienne comme sans viande ni poisson pour montrer toute sa richesse et sa diversité ? Parce que l'avenir sera végétal (ou ne sera pas, pour plagier Malraux !), mes 5 adresses chouchou pleines de goûts. Mieux que mangez-bougez : mangez végé !

JAH JAH PAR LE TRICYCLE

Après avoir vendu leurs hot-dogs végétaliens sur un triporteur, puis au comptoir du Tricycle, rue de Paradis, Coralie Jouhier et Daquisiline Gomis ouvrent un nouveau restau, spacieux et haut en couleur. Ici, la culture rastafari est à son aise. Tout respecte les principes de l'alimentation « ital », à savoir végane, fraîche, sans colorant ni conservateur. Légumes à gogo et influences créoles, indiennes aussi bien que mexicaines fusionnent joyeusement dans les plats. Patate douce et banane plantain rôties plongent dans une gaillarde sauce à l'avocat et au *chimichurri*, et la grande salade froide mêlant purée de brocolis au sésame, tomates confites, asperges grillées et aubergines à la sauce soja donne la pêche. Accessible, simple et sain, on y comprend par l'exemple l'adage « Ital is vital ». Arrivez tôt de préférence : le resto affiche souvent complet.

INFOS PRATIQUES

- 11 rue des Petites-Écuries, 75010 Paris • Métro : Château-d'Eau
- Lun. 12h-14h30, mar.-sam. 12h-14h30 et 19h-22h
- Plats (bols complets) 13 €, accompagnements 4-6 €

DAILY SYRIEN VEGGIE

Si la maison mère, située plus bas dans la même rue, propose d'excellents mezzés et *shawarmas*, cette succursale, installée dans une ancienne boucherie (l'enseigne y est toujours !), affiche fièrement ses spécialités : houmous, *mouttabal* (caviar d'aubergines), chaussons aux épinards, sandwichs variés et *foul*, ce plat à base de fèves présent dans tout le Moyen-Orient. En Syrie, ce sont des fèves brunes à la peau un peu épaisse et de tendres pois chiches, délicatement assaisonnés de cumin, dés de tomates, citron et persil, qui baignent dans une crème de sésame. S'il se savoure d'habitude au petit déjeuner, il peut aussi constituer, dans sa version tiède, un déjeuner idéal. À savourer avec un verre d'*ayram* (lait fermenté) maison, en lisant le *Traité du pois chiche*, de F. Mardam-Bey (Actes Sud), judicieusement posé sur une étagère…

INFOS PRATIQUES

- 72 rue du Faubourg-Saint-Denis, 75010 Paris • Métro : Strasbourg-Saint-Denis • Tlj. 12h-0h
- Formule sandwich à partir de 12,80 €, foul 12 €, assiettes composées autour de 15 €

SO NAT

Dans cette petite cantine aux murs grattés et aux jolies suspensions lumineuses, on sert de généreux bols, disponibles en deux tailles, garnis de légumineuses, de légumes crus et cuits, de graines et de condiments qui promettent un déjeuner santé. L'influence méditerranéenne est indéniable : le « Boléro » associe fregola sarde et lentilles beluga au fenouil, avec un taboulé de chou-fleur aux figues séchées, relevé de yaourt au citron. Encore plus gourmand, le « Lorette » joue sur la texture de beignets de panais croustillants, contrastant avec du riz sauvage, une béarnaise au citron confit, un caviar d'aubergines à la grenade et des fèves à la libanaise. Relevés, débordants d'épices, ces petits plats astucieux se combinent avec une soupe (carotte, butternut et curcuma) ou un dessert léger !

INFOS PRATIQUES

• 5 rue Bourdaloue, 75009 Paris • Métro : Notre-Dame-de-Lorette, Peletier
• Du lun. au sam. 11h-15h • Menus de 12 à 15 €

LE MEZZE DU CHEF

Ces deux petites salles accueillantes sont un délicieux repaire pour les amateurs de vraie cuisine ottomane. Sous les guirlandes de légumes séchés, on partage un généreux plateau de mezze où le *çiğ köfte* occupe la place de choix. Sorte de boulette de tartare traditionnellement réalisée à base de viande crue et de boulgour, il associe ici noix, poivron, tomate, épices et sirop de grenade. Caviar d'aubergine, feuilles de vigne et houmous n'ont rien à lui envier. Les curieux tenteront le *menengiç*, café de pistachier térébinthe, sans caféine mais à la saveur étonnante.

INFOS PRATIQUES

• 80 rue de Ménilmontant, 75020 Paris • Métro : Ménilmontant
• Tlj. 9h-0h • À partir de 12 €, carte 20 € • Réservation possible

CHÉRI COCO

Des produits bio ou issus de l'agriculture raisonnée pour concocter une cuisine végane d'influence afro-caribéenne, assortie de quelques touches asiatiques, le tout signé Simballa Gassama. Au menu : croquettes de banane plantain, épicées et croustillantes, pleurotes grillés, crème de maïs et oignons confits dans un sandwich moelleux, ou tempura de brocoli dans un gua bao à la taïwanaise dont le croquant, associé à la fraîcheur des carottes, épate, sans oublier la menthe et la sauce barbecue salée-sucrée, qui donnent envie d'en reprendre. Des assiettes joyeuses et colorées, un service enjoué et une addition légère : qu'il pleuve ou pas, le soleil est garanti dans l'assiette !

INFOS PRATIQUES

• 2 allée des Ateliers, 93507 Pantin • Métro : Hoche
• Du lun. au sam. 12h-14h30, jeu., ven. et sam. 19h30-22h30 • Assiettes 9-14 €, plats du jour 16 €

SANS OUBLIER ▶ **Maslow** (p. 15) ▶ **Pistil** (p. 27) ▶ **Saravanaa Bhavan** (p. 57)...

DE L'AUTRE CÔTÉ DU PÉRIPH'

Parce que le périph' n'est pas un chemin de table, cinq bonnes adresses accessibles en métro autour de Paris.

YOUPI AU THÉÂTRE (GENNEVILLIERS)

Au théâtre de Gennevilliers, le spectacle est aussi dans l'assiette ! Menée selon la philosophie Slow Food (« bon, sain et juste ») par Patrice Gelbart et Stéphane Camboulive, cette cantine installée dans le foyer de l'établissement accueille de longues tables de bois. On s'y réchauffe d'une soupe de chou-fleur aux lamelles de bleu et de poire crue, égaillée de sarrasin croquant, ou bien d'une généreuse salade mêlant bœuf cru, champignons de Paris, panais, céleri et anchois. L'effiloché de cochon fermier sur un lit de polenta légère apaise la faim et l'âme, tout autant que le pot-au-feu de légumes, ode à l'hiver dans un bouillon revigorant. On se souvient alors qu'historiquement, « restaurant » désignait un bouillon restaurant les forces : ici, ça se sent !

INFOS PRATIQUES

• 41 avenue des Grésillons 92230 Gennevilliers
• Métro : Gabriel-Péri
• Du lun. au ven. 12h-14h, les soirs de spectacle 1h avant
• Menus déj. 17 à 20 €

CHEFFES (ROMAINVILLE)

Créer un lieu d'échanges autour de l'alimentation réunissant agriculture urbaine, ateliers pédagogiques, vente de fruits et légumes à tarifs encadrés et restauration sur place : voilà la belle ambition de cette Cité maraîchère. Au rez-de-chaussée de cet espace lumineux tout en hauteur, cette cantine décontractée propose du réconfort en bol avec une soupe carotte-courgette onctueuse et de la générosité avec des tagliatelles aux shiitakés et au gorgonzola crémeux. Simple et efficace, la proposition culinaire d'Hawa Touré et Léa Letellier va droit au but. Ne pas rater les desserts de Lauranne Sambar, gourmands à souhait, comme cette tarte au chocolat croquante sans être écœurante. Pour favoriser l'accès de tous à des produits frais, sains et de saison, on rêve d'une telle initiative dans toutes les villes d'Île-de-France.

INFOS PRATIQUES

• 6 rue Albert-Giry 93063 Romainville
• Métro : Mairie des Lilas (et 20 min à pied) • Mar. et jeu. 9h30-17h, mer. 9h30-19h, ven. et sam. 9h30-23h
• Formule déj. 13,50 €, dîner 20 €

KOEDO (HAUTS-DE-SEINE)

Pas besoin d'aller au Japon : direction la station de RER et de tram d'Issy-Val-de-Seine pour y trouver un authentique *ekiben*, restaurant de gare japonais, qui ravitaille les voyageurs depuis 9 ans. À emporter uniquement, des bentos complets et *donburi* (bols de riz garni) que les salariés des alentours s'arrachent pour leur pause-déjeuner. Le menu, préparé par de vraies « mammas » japonaises, change chaque semaine. Tout est maison : riz parfait, navet mariné goûteux et salade croquante de haricots au sésame escortent croquettes de taro et d'algues, saumon ou poulet caramélisé, flan à la sauce soja inédit… Face au succès, le comptoir s'est aussi dédoublé dans la station Pont-du-Garigliano. Et deux autres adresses, à la Défense et sur l'île Saint-Germain, permettent de se régaler bien installés. *Itadakimasu !*

INFOS PRATIQUES

• Gare Issy-Val-de-Seine • Du lun. au ven. 8h30-20h30
• Gare Pont-du-Garigliano • Du lun. au ven. 11h30-13h30
• Table Square 77/ 86 Esplanade de la Défense 92400 Courbevoie • Du lun. au ven. 7h-22h (plus tard en été…) et 28 avenue du Bas-Meudon 92130 Issy-Les-Moulineaux
• Du lun. au ven. 9h-15h et ven. soir 18h30-22h • Bentos de 14,50 à 23,50 €

MUSE (SAINT OUEN)

Est-ce un cinéma ? Un espace de coworking ? Un restaurant ? Une salle de stand-up ? Tout cela à la fois, et bien plus encore ! Installé dans une ancienne usine de chariots élévateurs, Commune Image est un lieu voué à la création cinématographique indépendante fourmillant de projets. Au rez-de-chaussée, le café à la déco bricolo-chinée accueille riverains et résidents autour de la cuisine d'inspiration afro-caribéenne d'Agness Colley. Douceur des beignets de maïs contrebalancée par le piquant de la sauce créole, généreuse *feijoada*, cousine brésilienne du cassoulet, aux haricots noirs, rafraîchie de légumes d'hiver et d'orange, quelle belle énergie ! Et le soir, c'est tapas à partager.

INFOS PRATIQUES • 8 rue Godillot 93400 Saint-Ouen-sur-Seine • Métro : Mairie de Saint-Ouen • Lun. 12h-14h30, mar.-ven. 12h-14h30 et 19h-22h30, sam. 19h-22h30 • Formules déj. 17-21 €

ISOLÉ (MONTREUIL)

Nichée dans une ravissante maisonnette au pied des immeubles, la cuisine solaire et inspirée d'Alice di Cagno et Victor Gaillard mérite le détour ! Passés par des maisons étoilées puis créateurs du délicieux Chatomat à Ménilmontant, ils ont pris place ici en 2020. Soucieux de qualité autant que de prix tenus, on s'y régale de *gnuddis* – raviolis florentins sans pâte – à la courge, ricotta fumée et émulsion de sauge, d'œuf mollet aux blettes et jus à l'ortie et persil, de lieu noir à la cuisson parfaite accompagné de chou-fleur décliné en tempura et crème à l'estragon. Obligation de prendre un dessert : la crème caramel au chocolat et pralines de cacahuètes me hante encore. En été, on peut profiter de la petite terrasse au calme… Coup de cœur assuré !

INFOS PRATIQUES

• 7 rue de Rosny, 93100 Montreuil
• Métro : Mairie de Montreuil • Mar.-sam. 12h-14h et jeu.-sam. 19h-22h • Menu déj. entrée, plat, dessert 20 €
• Réservation conseillée

C'EST MIDI, C'EST RAVIOLIS !

Simples boulettes vêtues d'un habit de pâte, les raviolis cachent bien leur jeu. Plus vite engloutis que cuisinés, ces petits délices universels invitent au voyage !

CHEZ ANN

Dans cette cantine joliment fleurie, faite de bois blond et de longs bancs, les dim sum tiennent le haut du pavé. Mais pas n'importe lesquels : ceux-ci sont frais et savoureux, faits à la main, pétris de farine bio et garantis sans glutamate. Leur pâte, un peu plus épaisse que de coutume, renferme des farces légères et bien parfumées, assez traditionnelles (porc au céleri, crevettes) ou plus originales (calmars aux châtaignes d'eau). Majoritairement cuits à la vapeur, certains se dorent pourtant la pilule : dim sum revenus à la poêle (à la farine complète et porc) ou nems crevette et végétariens, ils se savourent avec autant de plaisir. Avec en plus un accueil tout sourire, sachant mettre les enfants à l'aise (on les y sent même bienvenus).

INFOS PRATIQUES

- 29 rue de l'Échiquier 75010 Paris
- Métro : Bonne-Nouvelle, Strasbourg-Saint-Denis
- Du lun. au sam. 12h-15h et 19h-22h
- Menus déj. 15,90 €, carte 20 €
- Autre adresse : 9 rue de Paradis (75010)

BAR À MOMOS

Pas de Maurice ni de Mohammed dans ce restaurant : les momos en question sont des raviolis tibétains, déclinés ici au porc, au bœuf ou aux légumes. On apprécie de la salle le spectacle minutieux des cuistots pliant à la main les généreuses bouchées, cuites à la vapeur, grillées à la poêle ou pochées dans un bouillon. Dans leur panier de bambou, les momos s'avèrent rustiquement savoureux, à condition d'y ajouter une pointe de sauce au piment. Il serait injuste d'oublier les soupes, relevées comme il faut, qu'elles soient aux lentilles jaunes – aux accents indiens – ou, plus dépaysantes, à l'orge grillée – un petit goût de malt et de revenez-y. En point final, un thé bien sucré où flottent baies de goji, arbouse et longane séchés, fait office de réconfort presque pharmaceutique.

INFOS PRATIQUES

- 218 rue du Faubourg-Saint-Antoine 75012 Paris
- Métro : Faidherbe-Chaligny
- Tlj. 12h-14h30 et 19h-22h30
- Formule déj. 15,90 €

SWEET RAVIOLIS

Midi rime avec *jiaozi* : si les échoppes à raviolis chinois se sont multipliées ces dernières années, celle-là tire son épingle du jeu par la qualité des ingrédients utilisés et la fabrication sur place, visible depuis la rue, à déguster dans un long espace immaculé. Farine bio d'Île-de-France, viande et légumes issus de l'agriculture biologique. Seule la crevette ne l'est pas et, au vu des prix très raisonnables pratiqués, ça se comprend. Discrètement colorée en pastel par du jus de carotte, chou ou épinards, la pâte de ces petites merveilles est un peu épaisse, car, ici, les raviolis sont bouillis et non grillés, selon la tradition du nord de la Chine. Porc et chou bio ; bœuf-oignon ; 100 % végétal aux champignons et chou ; crevette et porc : les quatre farces sont discrètement assaisonnées, et vraiment goûteuses. Pour les amateurs, la sauce pimentée est redoutable…et maison !

INFOS PRATIQUES

• 178 rue Montmartre 75002 Paris
• Métro : Grands Boulevards
• Du lun. au sam. 11h-15h et 17h-21h30
• 5 € les 4 raviolis, formules à partir de 14,50 €, pâtes 10 €

RAVIOLIS NORD-EST

Depuis des années, la minuscule cantine sans charme au 11 rue Civiale dans le 10e où l'on se délecte des raviolis pliés main de Mme Yao a fait des petits. Son fils a eu la bonne idée d'ouvrir un *bis* plus spacieux rue Saint-Denis, dans une longue salle aux bancs tout simples, pour s'en régaler près de Châtelet. Et a même triplé la mise près des Grands Boulevards. Au menu, onze raviolis rustiques à la pâte un peu épaisse, tels qu'on les confectionne dans le nord du pays, à déguster sur des tables en bois blond : porc, ciboulette, crevettes (classiques) ; bœuf et chou pimenté (les favoris du patron) ; tofu séché, champignons, chou (convaincants). À 7 € la dizaine, accompagnés d'une salade piquante de cacahuètes au concombre, c'est savoureusement roboratif et agréablement cosmopolite. Et le menu à 11 € (raviolis + salade au choix) reste l'un des meilleurs rapports qualité-prix du quartier. Alors, bouillis ou grillés ?

INFOS PRATIQUES

• 115, rue Saint-Denis, 75001 Paris
• Métro : Châtelet, Étienne Marcel
• Du lun. au ven. 12h-15h et 18h-23h30, sam. 12h-23h30 • Menus 10-15 €
• Autres adresses : 11 rue Civiale (75019) et 17 rue du Faubourg-Montmatre (75009)

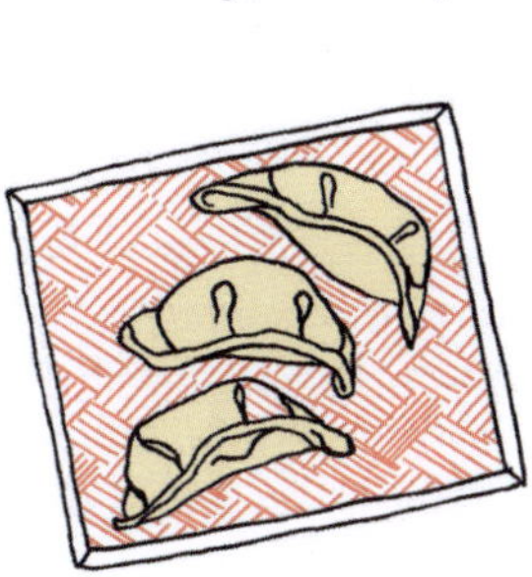

LA CANTINE DES TSARS

À peine la porte franchie, le ton est donné : tsars et tsarines encadrés de dorures baroques, velours rouge omniprésent et chants en VO. Pas de doute : ce restaurant d'une vingtaine de couverts est totalement à l'est ! Après une savoureuse assiette de bortsch discrètement acidulé (le fermenté, c'est bon pour la santé) vient l'heure des pelmeni façonnés à la main, spécialité de la maison. Ces raviolis originaires de Sibérie, à la taille intermédiaire entre tortellinis italiens et wontons chinois, sont ici garnis d'une délicieuse farce au porc fermier, servis avec une touche de crème crue et généreusement poivrés. On apprécie que la plupart des ingrédients viennent d'Île-de-France en dégustant une fraîche salade Olivier – le vrai nom de la « salade russe », qui porte là-bas le nom de son créateur, un cuisinier français du XIXe siècle. Je finis par un *medovik*, édifice de génoise miellée et de crème au beurre, adapté aux froidures. Une jolie adresse qui dépoussière la tradition avec saveur.

INFOS PRATIQUES

• 21 rue du Roule 75001 Paris
• Métro : Châtelet-Les Halles, Pont Neuf, Louvre-Rivoli
• Du mar. au jeu. 12h-14h30 et 19h-22h, ven. 12h-15h et 19h-23h, sam. 12h-15h30 et 19h-23h30 • Formules déj. 13,50-15,50 €, carte 20-25 €

MOMO HOUSE

Le lundi, c'est raviolis, mais pas n'importe lesquels : les momos traditionnels du Népal et du Tibet, préparés dans cette petite guérite toute blanche à côté du Grand Rex. Pour plus d'espace, visez leur autre adresse dans le 2e. Que les pressés choisissent la version vapeur, toujours prête à garnir les barquettes. Mais que les gourmands préfèrent la version grillée, car ces gros chaussons à la pâte un peu épaisse valent bien l'attente, le temps d'être dorés dans du beurre noisette. Joliment pliés à la main, ils cachent soit une farce de légumes (champignon, chou, pomme de terre), soit de poulet ou de bœuf relevés de ciboulette et de coriandre, le tout parfumé d'épices, dont le cumin, assez marqué. À plonger dans une délicieuse sauce rouge où l'on distingue le sésame et la tomate, et dont on aimerait connaître la recette en détail.

INFOS PRATIQUES

• 46 rue Poissonnière 75010 Paris
• Métro : Poissonnière
• Tlj. 12h-14h30 et 18h-22h
• Menus déj. 11,50-15 €
9 raviolis, 5 à 10€ la huitaine, soupe aux momos 11-11,50 €
• Autre adresse : 85 rue Montmartre (75002)

MOMO
HOUSE
STREETFOOD DU NEPAL & TIBET
नमस्ते

Journaliste et autrice culinaire depuis plus de 15 ans, **Estérelle Payany** explore chaque semaine les petits et grands établissements parisiens depuis huit ans pour *Télérama Sortir*. Et quand elle n'est pas au restaurant, c'est qu'elle est en cuisine pour tester les nouvelles recettes d'un prochain ouvrage à paraître, car elle aime autant s'attabler chez les autres que chez elle. Elle a notamment publié chez Flammarion *La Cuisine des beaux restes* et *L'Encyclopédie de la cuisine végétarienne*.

Lydia Bierschwale a d'abord été formée au design textile à l'École supérieure des arts appliqués Duperré. De fil en aiguille, elle a rejoint le monde de l'édition il y a plus de dix ans où elle exerce ses talents d'illustratrice et de graphiste dans tous les domaines du livre illustré. Ce qu'elle aime : broder au son d'un bon vinyle de rock des années 70, mais aussi cuisiner les *dolmas* de sa grand-mère, à arroser d'une bière allemande, dans un joyeux melting-popote qui lui ressemble.

REMERCIEMENTS

Des remerciements enthousiastes et chaleureux :

à Valérie Hurier, Fabienne Pascaud et Frédéric Péguillan, pour m'avoir confié la charge de restaurer chaque semaine les lecteurs de *Télérama Sortir* ;

à Olivier Granoux, qui m'a soutenue dans mes quêtes culinaires et journalistiques ;

à Sabine Bledniak, éditrice de chic, de choc et de patience, et à Lydia Bierschwale, dont l'œil est aussi aiguisé que le crayon ;

aux restauratrices et restaurateurs qui se lèvent tôt le matin et se couchent bien trop tard pour notre bon plaisir ;

aux commensales et commensaux qui se sont mis à table avec moi et ont supporté que je goûte dans leur assiette. Un remerciement particulier à François Chevalier, Adrien Henriet, Beena Paradin, Sophie Rahal, Benoît d'Onofrio et Anaïs Lerma qui ont même prêté leur image dans ces pages. Ainsi qu'à Zazie Tavitian pour m'avoir tiré le portrait.

À mes amours et amis fidèles du jour et de la nuit : Anne-Laure, Clémence, Clémentine, Déborah, Delphine, Éliane, Émilie, Fanny, Philippe, Quitterie, Rodrigue, Valérie, Vérane, Virgile.

Et bien sûr, à vous chers lecteurs, pour lesquels j'ai toujours envie de me mettre à table !

Estérelle

DÉJÀ PARUS

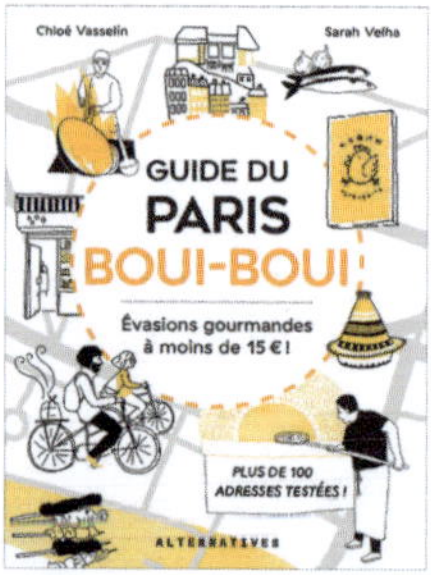
Chloé Vasselin
Sarah Velha
GUIDE DU
PARIS
BOUI-BOUI
Évasions gourmandes à moins de 15 € !
PLUS DE 100 ADRESSES TESTÉES !
ALTERNATIVES

2019-2020
GUIDE DU
PARIS
VEGAN
Restaurants, épiceries, boutiques
PLUS de 100 ADRESSES TESTÉES
ALTERNATIVES

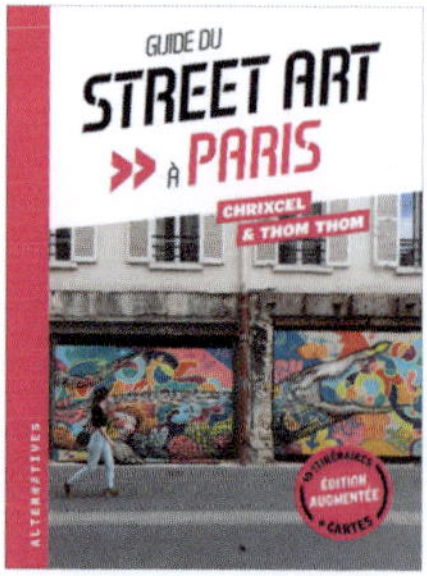
GUIDE DU
STREET ART
À PARIS
CHRIXCEL & THOM THOM
ÉDITION AUGMENTÉE
ALTERNATIVES

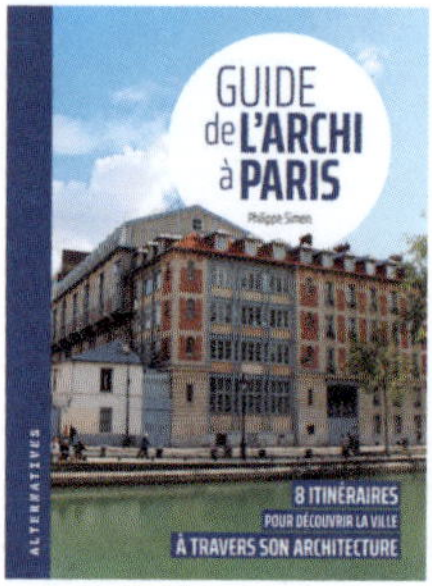
GUIDE
de L'ARCHI
à PARIS
8 ITINÉRAIRES
POUR DÉCOUVRIR LA VILLE
À TRAVERS SON ARCHITECTURE
ALTERNATIVES

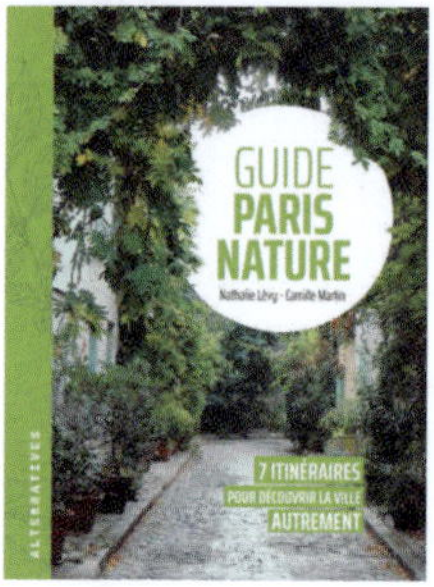
GUIDE
PARIS
NATURE
7 ITINÉRAIRES
POUR DÉCOUVRIR LA VILLE
AUTREMENT
ALTERNATIVES

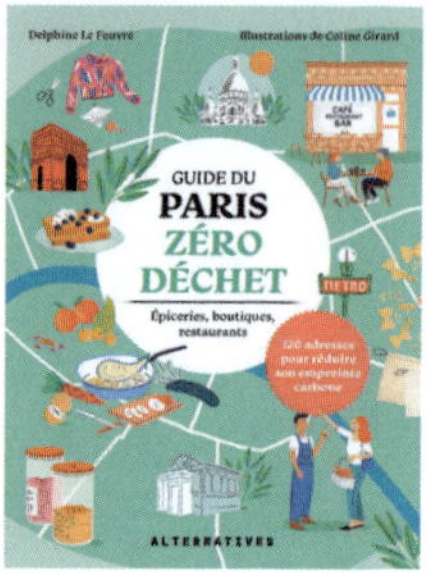
GUIDE DU
PARIS
ZÉRO
DÉCHET
Épiceries, boutiques, restaurants
ALTERNATIVES

Pour toutes les photos © Estérelle Payany à l'exception des pages suivantes :
p. 17 : © Malou ; p. 19 : © DR ; p. 33 : © Sophia van den Hoek ; p. 37 : © DR ; p. 38 : © DR ; p. 39 : © Clémence Sahuc ;
p. 42 : © Elliot Bantman ; p. 45 : © Laurène Bouaziz ; p. 46 gauche : © Laurène Bouaziz ; p. 51 : © DR ;
p. 52 : © Sébastien Dray ; p. 53 : © Le Photographe du Dimanche ; p. 54 : © Christopher Salgadinho ;
p. 55 : © Alice Chabanon ; p. 56 : © Mélanie Révil ; p. 59 : © Guillaume Savary ; p. 60-61 : © Solenne Carreras ;
p. 62-63 : © Mélanie Révil; p. 64 : © Claire Buisson ; p. 69 haut : © Gwendoline Chopineau ; p. 69 bas © Ophélie Turpin ;
p. 71 : © DR ; p. 75 : © DR ; p. 76 : © DR ; p. 77 gauche : © DR ; p. 78-79 : © DR ; p. 84-85 : © TheTravelBuds ;
p. 87 : © Antoine Besson ; p. 89 : © Élise Augustynen ; p. 90 : ©Anne-Claire Héraud ; p. 97 : © DR ; p. 99 : © DR ;
p. 100 : © Thomas Tissandrier ; p. 101 : © DR ; p. 102 : © DR ; p. 104 : © Maryne Lerond ; p. 108 : © DR ;
p. 109 : © Astrid Courtier ; p. 111 : © DR ; p. 112 : © DR ; p. 113 : © Shootin ; p. 117 : © DR ; p. 118 : © DR.

Direction artistique et mise en page : Lydia Bierschwale
Impression/façonnage : GPS, Slovénie • N° d'édition : 625707
Achevé d'imprimer en mars 2024 • Dépôt légal : avril 2024

FSC www.fsc.org MIXTE
Papier | Pour une gestion forestière responsable
FSC® C118234